陕西师范大学人文社会科学高等研究院资助出版（项目编号2018GY006）

"中国文学人类学原创书系"编委会

主　编
叶舒宪

副主编
李永平

编　委
冯晓立　刘东风　徐新建
彭兆荣　程金城

陕西师范大学人文社会科学高等研究院资助出版（项目编号2018GY006）

中国文学人类学原创书系
叶舒宪　主编

梭戛田野记

潘年英　著

陕西师范大学出版总社

图书代号　SK19N2082

图书在版编目(CIP)数据

梭戛田野记/潘年英著.—西安：陕西师范大学出版总社有限公司，2019.12
（中国文学人类学原创书系）
ISBN 978-7-5695-0981-6

Ⅰ.①梭…　Ⅱ.①潘…　Ⅲ.①苗族—民族文化—研究—六枝特区　Ⅳ.①K281.6

中国版本图书馆CIP数据核字（2019）第288522号

梭戛田野记
SUOGA TIANYEJI

潘年英　著

责任编辑	王文翠
责任校对	雷亚妮
装帧设计	锦　册
出版发行	陕西师范大学出版总社
	（西安市长安南路199号　邮编710062）
网　　址	http://www.snupg.com
印　　刷	西安牵井印务有限公司
开　　本	720mm×1020mm　1/16
印　　张	14.75
插　　页	2
字　　数	130千
版　　次	2019年12月第1版
印　　次	2019年12月第1次印刷
书　　号	ISBN 978-7-5695-0981-6
定　　价	78.00元

读者购书、书店添货或发现印刷装订问题，请与本公司营销部联系、调换。
电话：（029）85307864　85303635　传真：（029）85303879

总　序

　　2018年，正值中国改革开放40周年纪念之际，陕西师范大学出版总社推出"中国文学人类学原创书系"，对改革开放的时代大潮在人文学界催生的这个新兴学科，给出一个较全面的回顾与总结，以便继往开来，积极拓展人文学科的教学与研究新局面，可谓恰逢其时。

　　50后这代人的青春岁月，激荡在汹涌澎湃的"文革"浪潮之中。"文革"后的改革开放，相当于天赐给这一代知识人第二次青春。1977年恢复高考，我们在1978年春天步入大学校园，那种只争朝夕、如饥似渴的求学景象，至今仍历历在目。改革开放带来"科学的春天"，也第一次带来人文科学方面的世界景观。正如改革的基本方向是向发达国家学习市场经济模式一样，人文学者们也投入全副精力，虚心学习借鉴国际上先进的理论与研究方法。"神话-原型批评"就是当时的新方法论讨论热潮中，最早进入我们视野的一个理论流派。1986年我编成译文集《神话-原型批评》时，先将长序刊发在《陕西师大学报》上，文中介绍原型理论的宗师弗莱的观点时讲道：

物理学和天文学形成于文艺复兴时期，化学形成于18世纪，生物学形成于19世纪，而社会科学则形成于20世纪。系统的文学批评学只是到了今天才得以发展。……正像自然科学体系的建立有赖于把握自然界本身的规律。一部文学作品，它所体现的规律性因素不是作家个人天才创造发明的，而是在文学的历史发展中，在文化传统中所形成的，这种规律性的因素就是"原型"。……从文学史的考察中可以看到，文学作为一个有机整体，植根于原始文化，最初的文学模式必然要追溯到远古的宗教仪式、神话和民间传说中去。"这样说来，探求原型实际上就是一种文学上的人类学"。

当时无论如何也不曾想到，这样一段话，居然能够准确地预示这一批学人后来几十年学术探索的方向。"文学人类学"这个名称，也就由此在汉语学术界里发端。10年之后的1996年，在长春召开的中国比较文学学会第五届学术年会上，中国文学人类学研究会宣告成立（首任会长为萧兵先生），如今简称"文学人类学研究会"。从研究文学的神话原型，到探索华夏文明的思想、信仰和想象的原型，这一派学者如今正式提出的大小传统理论和文化文本符号编码理论，可以说早已全面超越了当年所借鉴学习的原型批评理论，走出文学本位的限制，走向融通文史哲、宗教、艺术、心理学的广阔领域。

从1986年到2018年，整整32年过去了，我们也经历了自己人生从而立到花甲的过程。如今我们要解读的是5000多年前的先于华夏文明国家的"文化文本"，阐发的是河南灵宝西坡仰韶文化大墓的神话学内涵。这是当年完全没有预料到的。是问题意识，先把我们引入文化人类学的宽广领域，再度引入中国考古学的全新知识世界，这样的跨越幅度，的确是当初摸索文学人类学研究范式时所始料未及的。

从原型批评倡导的文学有机整体论，拓展到文化符号的有机整体论、史前与文明贯通的文化文本论，这就是我们努力探索近40年的基本方向。西周青铜器上出现"中国"这个词语，至今不过3000年时间。2018年2月4日，我第二次给国家图书馆"文津讲坛"开设讲座，题目是"九千年玉文化传承"。今日的学者能够在9000年延续不断的文化大背景中研究"中国"和"中国文学"，就是从先于文字的文化大传统，重新审视文字书写小传统的一套完整思路。相信这样一种前无古人的理论思路和研究范式，是学者们对西方原型批评方法的全面超越和深化，这将会引向未来的知识更新格局。

本丛书要展示这40年的探索历程，以萧兵先生为首的这一批兴趣广泛的学人是如何一路走来，并逐渐成长壮大的。本丛书将给这个新兴学科留下它及时的也最有说服力的存照。希望后来者能够继往开来，特别注重不断发展和完善中国版的文化理论和文学理论，包括作为文史研究当代新方法论的三重证据法和四重证据法。

是为丛书总序。

叶舒宪
2018年2月7日 于北京太阳宫

前　言

我不知道为什么要去那样一个地方，那么遥远，又那么蛮荒！梭戛，我第一次听到这地名时以为人家在说一句日语。但这奇怪的地名于我显然有一种特殊的吸引力，好奇心一下子就占了上风，驱走和淡化了所有不利于我前往的因素。我后来当然为此写过不少文字，甚至有些文字还博得了不少专家的喝彩。但是，我最初的前往却并没有什么明确的学术目标。那时候，我还在福建海边的一个小城市从事着一份卑微的职业，假期里回到故乡贵阳，无意间听人议论这个奇怪的地方，就立即决定独自奔赴了。那已经是新世纪的起始年份了，梭戛生态博物馆业已在两年前建成并对外开放。我来的时候，第一任馆长徐美陵先生还在任上，他热情接待了我，并毫无保留地向我介绍着一个我完全陌生的概念——生态博物馆。他还每天带我到梭戛苗寨去走访或拜望，领我结识当地各种"权威"人物，见识他们的各种日常的或特殊的生活。在我离开梭戛的时候，他还格外赠送我好些介绍博物馆学的书籍。阅读那些书籍促成了我后来的学术转向，使我对生态博物馆产生了浓厚的兴趣，从此欲罢不能。我最后完全是迷上了这个地方，三番五次地往返于这里与我谋生的各个城市之间。我不知道该怎样来描述我在这期间的种种体验和感受，我也说不清这地方的魅力究竟何在。客观而论，我在这里所受到的惊吓和委屈可能要大于我全部田野作业所受惊吓和委屈的总和。但是，我却不敢说我对这地方有丝毫的厌倦和憎恶。对我来说，这里永远是一个神秘的所在，一个魅力无穷的文化异乡。

目录

初访梭戛 / 001
    迷人的远方 / 003
    生态博物馆 / 011
    陇戛苗寨 / 015
    梭戛人家 / 022
    买卖 / 027
    小坝田 / 032

二访梭戛 / 039
    巧遇同学 / 041
    背水表演 / 048
    小兴寨 / 055
    赶狗场 / 064
    安柱"打嘎" / 069

三访梭戛 / 085
    巨变 / 087
    新老馆长 / 094

变迁与适应 / 100

化董寨 / 106

熊怀燕 / 114

表演 / 121

老馆长 / 127

老朋友 / 135

对话 / 144

巧遇 / 152

告别 / 155

四访梭戛 / 165

附录　　移植的文本：从矛盾到变形到融合
　　　　　——贵州生态博物馆群考察报告 / 174

初访梭戛

迷人的远方

2000年7月暑假期间，我从谋生的福建泉州小城"逃回"故乡贵阳避暑和度假，在一次朋友聚会上，偶然听到他们在议论，说贵州六枝有个叫梭戛的古老苗寨，最近被开发为生态博物馆了，被媒体炒得很火，其中存在的很多问题也颇有意思，很值得研究和反思，云云。我立即心有所动，决定前往一观。于是，在朋友的进一步鼓励和帮助下，我于7月13日早上乘坐开往水城方向的火车来到了六枝，然后又转乘乡村公共汽车去梭戛。

那时候，从六枝到梭戛的乡村公路正在扩建和改建之中，沿途坑坑洼洼，崎岖难行。我听同行的当地老乡说，如果路好，车子不出毛病，一个半小时左右即可到达梭戛。但那次我在这条路上耽搁了不止三个小时。

不过，路上风景倒很不错。从贵阳开始，沿途可见各种喀斯特地貌，到六枝后，这种地貌特征更加鲜明和突出——到处是光秃秃的石灰岩山地，山头高耸入云，山下的凹地则被开辟为耕地，种植着不同的庄稼，但主要是土豆和玉米。

星罗棋布的苗族村寨隐没于高高低低的杂树林间。其建筑材料多为就

004

梭戛田野记

006

梭戛田野记

007

初访梭戛

梭戛田野记

地取材的石头、黄泥和茅草，看上去像是史前时代遗留下来的文物。

时值盛夏季节，全国大多数地方都在酷暑中煎熬，而这地方的天气却异常凉爽。我当时身穿较厚的衬衣，但仍然感觉到有明显的凉意。难怪六盘水市有"凉都"之称。

从车窗里向外望去，只见山坡间的土地上，碧绿的玉米叶儿迎风招展，金黄的葵花朵朵点缀其间，煞是美丽。

中午时分终于到达梭戛。但这里还不是梭戛生态博物馆所在地，而只是一个多民族聚居的乡政府所在地。这里居住着苗族、彝族、回族和汉族等多个民族。

下了车，我继续从梭戛沿公路往山上走，一路爬坡，一小时后就来到了一个叫陇戛的苗寨。这才是我最终的目的地——梭戛生态博物馆所在地。

跟这一地区大多数的苗村彝寨一样，这也是一个被大山和丛林遮蔽起来的村寨。在寨脚的小山坡上，甚至还残存着一片比较茂密的杂树林。

如果不是有人介绍和指引，一般人真的很难发现在这荒凉的群山背后，居然隐藏着一个拥有如此独特文化的族群。

刚一进村，我就看到了那些身着蜡染服饰、头戴木质长角的苗族妇女，立即感受到了一种强烈的发现异文化的惊喜。

一座新修的现代寨门矗立在村口的大道上，旁边同时耸立着一块巨大的木板，木板上书写着生态博物馆的简介和村寨的村规民约。

走进寨门，即可看见一处特别的土洋结合的现代建筑群，一望而知，那就是人们传说的梭戛生态博物馆了。不过，梭戛生态博物馆的工作人员却喜欢把博物馆的建筑叫作资料信息中心。他们说，梭戛生态博物馆保护

初访梭戛

的是梭戛苗族生活的十二个寨子的范围，而不仅仅指资料信息中心这一小块地方。

这个信息中心是在1998年10月31日正式建成后对外开放的。其建筑群落包括一个展览厅、一个餐厅、一个接待室、一个招待所、一处厕所，共五栋房子。

我就住在这个信息中心的招待所里。

时任梭戛生态博物馆的徐美陵馆长热情地接待了我。他原本是六枝文化局的一位副局长，曾长期跟梭戛苗寨人打交道，对本地风俗了如指掌。梭戛生态博物馆从筹划，到建成，再到对外开放，他参与了整个过程。

招待所前面是一处开阔地，视野所及，全是一片黛色的苍茫群山。

据说，这是中国乃至亚洲的第一座生态博物馆。

010

梭嘎田野记

生态博物馆

梭戛生态博物馆是20世纪90年代筹建起来的。

这是一个由中国、挪威两国共同合作的文化保护项目。

1997年10月23日，时任国家主席的江泽民同志和挪威国王哈拉尔五世、王后宋雅出席了在北京人民大会堂举行的《挪威开发合作署与中国博物馆学会关于中国贵州省梭戛生态博物馆的协议》签字仪式，正式拉开了梭戛博物馆建设的序幕。

什么是生态博物馆？为什么要在这里建设生态博物馆？当时我对这些问题毫无概念和常识。但在徐美陵馆长的介绍下——当天下午他就给了我一大堆相关书籍和资料，我很快就有了一些初步的认知。

原来所谓生态博物馆（eco-museum），实际上是一种新的博物馆理念，起源于20世纪70年代初的法国。与传统博物馆将文化遗产搬移到一个特定的博物馆建筑中的主张和做法不同，生态博物馆是将文化遗产原状保护和保存在其所属社区及环境之中。从这种意义上讲，社区的区域等同于博物馆的建筑面积。

012

梭戛田野记

初访梭戛

简而言之,所谓生态博物馆就是对某一文化社区进行整体性的和原状性的保护,即在不破坏原有社区居民生活和文化形态的基础上,实施社区文化的整体保护。

生态博物馆作为一种文化保护模式,强调通过教育和沟通,强化社区文化的创造者和拥有者的文化遗产与文化价值保护意识,增强他们对自身文化的优越感和自豪感,从而最终实现保护某一独特文化的目的。

据悉,全世界目前已有300多座生态博物馆,西欧和南欧约70座(集中于法国、西班牙和葡萄牙),北欧约50座(集中于挪威、瑞典和丹麦),拉丁美洲约90座(集中于巴西和墨西哥),北美洲约20座(集中于美国和加拿大)。此外,其他许多国家和地区也有生态博物馆存在。中挪文化合作项目——贵州六枝梭戛生态博物馆是中国的第一座生态博物馆。

这里是贵州六枝特区和织金县交界处,群山绵延,土地贫瘠。而在这大山里面,生活着一支以木角为头饰的苗族人。他们分布在以陇戛为中心的十二个寨子里,分别为:六枝特区梭戛乡高兴村陇戛寨、高兴寨、小坝田寨、补空寨,安柱村安柱寨;新华乡新寨村大湾新寨,新发村新发寨;织金县阿弓镇官寨村后寨、苗寨、小兴寨、化董村化董寨、依中底寨。

陇戛寨海拔在1400—2200米,是梭戛生态博物馆信息中心所在地,也是十二寨中距离梭戛乡最近的一个寨子。

梭戛苗族居住地区的全部面积大约为120平方公里。据说,以前这里都是大箐林,其祖上是在清代初年为避战乱而逃亡至此的。目前这十二寨人口总数约为5000人。

陇戛苗寨

到达陇戛的当天下午，正好赶上六枝特区旅游局带人来参观，梭戛生态博物馆立即组织当地村民为游客表演节目，我乘机大饱眼福。

表演的节目很简单，无非是几个传统的集体舞蹈和歌唱之类。表演本身并不精彩，但她们的服饰实在迷人。我不停地按动相机快门，为她们拍摄了一大堆照片。还好，她们也十分配合，让我尽情地拍摄。

表演结束后，游客又被博物馆工作人员带领去陇戛寨参观。我同样跟着他们一道去。他们先是在陇戛寨脚的一处水井旁观看村民表演背水，然后走进寨子观看房屋建筑、民俗风情和日常生活。

虽说所有表演过程都经过博物馆和当地政府精心设计和安排，但村民赤贫的生活景象还是一览无余。也许这也正是生态博物馆要求向游客展示的东西。"生态博物馆就是要保护原生态，就是要原汁原味地保留原来的生活模式……"徐美陵馆长在跟游客解释说。他强调这个保护理念来自挪威博物馆学专家约翰·吉斯特龙（John Gjestrum），"是他要求我们这样做的，我们为此还吵了好几次架"。低矮的茅草房，露天的厕所，面黄

016

梭戛田野记

初访梭戛

肌瘦的脸孔，氟斑牙，人畜同居的生活环境……所有这一切都在向人们表明，即便是在21世纪的今天，梭戛苗寨依然停留在农耕文明的初级阶段，还十分原始。

与此同时，我也看到另一种文化景观的存在。那就是这里奇特而丰富的艺术。首先是他们的服饰太独特，也太有视觉冲击力了。尤其是妇女的头饰，先是用一个牛角形的木板绑在头发上，然后再在木质的牛角板上缠绕着重达两三公斤的麻线或毛线，最后形成一个巨大的发盘，这简直可以称为世界发式之奇观！也毫无疑问是这支苗族的最显著的标识。

关于这一独特头饰的来历，当地人传说是清初吴三桂平定水西宣慰使安坤后，很多依附安氏的苗族人四处逃散，躲到织金、郎岱交界处的森林中，以后逐渐聚居在梭戛方圆近百公里的地界内，形成史籍里记载的所谓"箐苗"族群。这一地界当时森林茂密，野兽繁多，妇女们为了恐吓和迷惑林子里的野兽，就戴上这种奇特的头饰，最终形成风俗。

这种解释似乎有些不可思议，但也不妨作为一种解释吧。另外，有些民族学家认为这极有可能是苗族先祖的牛图腾的象征。

梭戛苗族妇女通常只在那种特别隆重的节日和庆典仪式中才戴上这种缠绕着厚重麻线的"角"，而在日常生活中，她们只戴普通的木质"牛角"。

她们服饰的另外一个突出特点，就是全身上下都是蜡染。蜡染，与绞缬（扎染）和夹缬（镂空印花）并称为我国古代三大印花技艺，是我国最古老的民间传统纺织印染手工艺之一。其具体的制作过程和方法是先用液状蜡将图案绘制在自制的白布上，再经染色后除去蜡质而成。据说这一工

018

梭戛田野记

初访梭戛

艺起源于秦汉，盛行于隋唐。近代以后，这一传统工艺在汉族地区逐渐消失，但在边远的少数民族地区仍有保留。

梭戛苗族女孩从五六岁起就开始学习刺绣、挑花，八九岁学习蜡染技艺。她们全身上下所穿的衣服均系自己制作的蜡染花布，十分素雅美丽。

陇戛苗寨里特意为游客保留着苗装制作的全部过程表演，从纺纱织布，到点蜡画图，再到手工裁剪缝制成衣……生态博物馆试图通过这样的表演来再现村民日常生活中无处不在的艺术创造活动。

他们还在村子里一个专门用来吹芦笙、跳舞、夜间谈情说爱的草坪上，安排了苗族姑娘和小伙表演往日月夜唱歌谈恋爱的过程。其中男孩子吹奏的一种叫"三眼箫"的器乐令人格外难忘，那声音低沉幽怨，如泣如诉，是梭戛苗族独特的乐器之一。

据说他们平时吹奏的主要乐器还有芦笙、口弦、木叶、唢呐、牛角等，不过这天我除了看到三眼箫、芦笙和木叶的吹奏表演外，其余几种乐器都没有看到。

有一天，徐美陵馆长突然神秘地告诉我，在目前的梭戛苗寨中，能吹奏口弦的，只有杨洪祥一人了。

020

梭戛田野记

梭戛人家

梭戛的天气，居然说变就变，中午还阳光灿烂，下午突然就电闪雷鸣，狂风大作，下起了瓢泼大雨。这使得本来就有些寒凉的天气变得更加阴冷了。一些住在博物馆的外地游客因为衣服带少了，只好匆匆收拾行李下山，提前打道回府了。

我向徐馆长借了件毛衣披上，继续留下来做我的田野考察。

到第二天，雨还在下，而且没有停下来的迹象。生态博物馆里本来有电视看，徐馆长也很热心，为我们外来的游客播放他们馆藏的一些本地风俗纪录片，但因为昨天打雷停了电，电视也看不成了。我只好到陇戛寨上去采访杨洪祥。

杨洪祥原来是乡里的一位干部，在本地算是见多识广的人物，又懂汉语，所以相对而言，和他交流起来比较容易。但他没有给我表演什么口弦技艺，也似乎没有太多想跟我们交流的意愿。不过，他也并不表现出冷漠和厌恶，只是对我的问题显得有些隔膜，我问一句，他回答一句，而且往往是答非所问。

023

初访梭戛

梭戛田野记

我问他们主要的经济来源靠什么。"经济？来源？"他似乎对这些概念很陌生。徐馆长跟他解释了大半天，他也说不出个所以然来。"实际上，没有来源。"徐馆长最后自己总结道。

杨洪祥有个儿子叫杨鑫，刚娶了个据说是本地最漂亮的媳妇，名字叫熊怀燕。徐馆长说，按照生态博物馆的理论，本地居民才是博物馆的主人，所以，他打算培养杨鑫和熊怀燕来做博物馆的负责人。

在陇戛苗寨中，杨洪祥算是比较富裕的家庭了，但屋内也几乎一贫如洗。他家的住房是寨上为数不多的几栋水泥砖房之一，但也只有一层楼，屋子里凌乱又肮脏，一个煤火炉子一年四季不间断地在屋子中间燃烧着，这是所有梭戛地方苗族人家的共同特点。"不能断火，"徐馆长说，"这是他们的习惯。"因此之故，屋子里煤气很重，刚进家的时候，感觉几乎令人窒息。我后来才听说，这正是他们氟斑牙形成的主要原因。

那时候，梭戛还没有兴起到外面打工的热潮。但已经有不少年轻人对外面的世界满怀憧憬和向往了。连杨鑫都说，如果有机会，他也想到外面去闯一闯。但我问他如果出去，可以在外面做些什么时，他却说不上来。他的房间里贴满了刘德华、赵薇等明星照片，我不知道他怎么看待那些明星，但我猜想，这也许就是他对外面世界充满美好憧憬的依据之一吧。

杨鑫的媳妇熊怀燕果然长得十分出众，除了牙齿也一样不能幸免的是氟斑牙外，她几乎无可挑剔，无论从哪方面讲都可以称得上是一个标准的大美人。其实日前在博物馆为客人表演的人员中就有她，我也给她拍摄了大量的照片。但当时我并不知道她就是杨鑫的爱人。

初访梭戛

这天上午，我和徐馆长就在他们家聊天，吃午饭。但这顿所谓的午饭，其实就是一碗他们自制的土面条而已。没有任何佐料，只有一点辣椒和盐巴。徐馆长说，在当地，能吃得上面条的人家，就算是有钱人家了。

果然，在随后我们考察的另外几户人家中，那种赤贫的景象的确一目了然。

买卖

当天下午天气放晴转好。次日一早,我就独自一人爬到陇戛寨上去瞎串。结果,我很快就被一大群妇女围住了。她们向我兜售各种自制的衣服和所谓的老古董。

我曾听徐馆长说过,按照生态博物馆的要求,社区内是禁止做买卖的,就是来博物馆参观,也是不允许收门票的。他说这是吉斯特龙给他们提出来的条件和要求。

在到达梭戛生态博物馆的几天里,我的确没有看到有人来兜售旅游纪念品。因为生态博物馆的工作人员对村民交代过,给客人兜售商品,是不符合生态博物馆建馆要求的。但我现在发现那其实只是一个假象而已。不做买卖,只是博物馆工作人员的一厢情愿罢了,我甚至怀疑博物馆的工作人员其实也是暗中同情和支持他们的。

"买一个吧,买一个吧……"看着她们那可怜的眼神,听到她们这哀求一般的声音,我立即动了恻隐之心,开始想跟她们买一两件男式衣服。但很快发现,那些衣服都很瘦小,根本拢不进我肥胖的身体,于是

初访梭戛

我谎称钱不够，只买了几个小绣片，准备就此脱身。在我即将离去时，她们当中的一位妇女突然问我："要不要照相？"我不假思索地脱口而出："要！"没想到，听说要给她们照相，她们显得更加兴奋。所有的人，无论老少，无论美丑，都一律迅速回家换衣服，然后跑出来围着我要求照相。我这才回过神来，明白给她们照相是要收费的，于是我接下来就跟她们讨价还价，协商了半天，最后的结果是，我给每人五元钱，然后随我照。

中午回到博物馆信息中心，我对徐馆长说："买卖还是有人做的。"

"没办法嘛！"徐馆长说，"吉斯特龙叫他们不做买卖，不收门票，你看咋行嘛！"

"国情不一样啊！"我也感叹道。我知道吉斯特龙的想法和要求都是对的，因为博物馆就是博物馆，博物馆展出的是文化的记忆、民族的历史和艺术的尊严，而不是商品。但是，吉斯特龙却看不到中国和欧美的不同国情，他在梭戛领略到至今依然保存的源远流长、独特美丽、无与伦比的艺术传统，但他忽略了他们极端的贫困现实，以及他们对改变这种现实的强烈愿望。说白了，欧美人是在完成了工业革命之后才开始建设博物馆的，而部分中国农民至今仍在温饱线上挣扎。不同的国情导致不同的心态，不同的心态决定了不同的文化政策的选择。

031

初访梭戛

小坝田

在一个阳光灿烂的早晨，我让杨鑫给我做向导，然后跟着他来到位于陇戛后山的另一个寨子——小坝田。

我来看这寨子主要是想了解不受外来文化干扰的传统苗寨的生活到底是怎样的情形。结果，我在小坝田看到的景象的确与在陇戛所见的大不一样。

首先，从寨子的外观上看，茅草房更多，而且连片集中，看上去更加贫困。其次，寨子里没有人来向我兜售任何东西。当然也没有人对我的到来感到格外惊异。他们照常生活，安安静静。

一个年轻的女孩在自家院子里画蜡花，专注投入，心无旁骛。我走近去看了看，问她可不可以照相，她用苗语回答了我，但我没听懂她的意思。我的向导杨鑫对我说："她说可以的。"于是那女孩就笑了起来。之后她又跟杨鑫聊了些什么。我完全听不懂，要求她讲汉语，杨鑫说："她不会讲汉话。"杨鑫怕我不明白，又补充说："我们这地方，除了陇戛，其他寨子会讲汉话的苗族妇女很少。"

033
初访梭戛

034

梭戛田野记

初访梭戛

我在小坝田转了半天,给所见到的人随意照相,没有人跟我伸手要钱。我这才知道,陇戛原来也是不要钱的,要钱是生态博物馆兴建起来以后的事。

中午我们就顶着烈日返回博物馆了。这天刚好梭戛赶场,吃过午饭后,我就拿了相机到乡场上去看他们赶场,拍摄他们日常的一些生活镜头。

当陇戛的村民们从梭戛坡背的那一片玉米地经过的时候,我拍摄到了他们最传统也最日常的一个生活情景——肩挑背驮,艰难跋涉。我当时心想,他们在这里这样生活着,已经有数百年了啊!

但是,博物馆建立起来了,现代的公路也已经修到门口了,一种全新的生活方式就要到来,过去的生活模式将会受到巨大的影响和冲击,甚至可能会被彻底颠覆。我不知道他们对此是否已经有了一定的思想准备。

二访梭戛

巧遇同学

2004年3月18日，距我第一次来到梭戛四年之后，我再次独自一人来到梭戛。

我依旧是从贵阳乘坐前往六盘水的火车，早晨八点从贵阳出发，下午五点到达陇戛。不过，我这一次的始发站已经不是福建泉州，而是湖南湘潭。我已于2003年从福建成功"逃亡"到湖南，转入了新的稻粱谋生涯。

与上次相比，从六枝到梭戛的公路已经得到了全面的修缮和改进，从梭戛到陇戛的公路更是由原来的黄泥土路改建成了崭新的镶边柏油路。

我从梭戛走路上山，看到两边的土地上都是开花的油菜，蜜蜂飞舞，阳光明媚，景色十分迷人。

到达梭戛的当天下午，我就轻车熟路地找到了梭戛生态博物馆，依旧住在我上次住宿的招待所里。但是，这一次接待我的已经不是徐美陵馆长了，而是一个姓张的姑娘。我问徐馆长到哪里去了，她说早在两年前就退休了，现在博物馆由她老公负责。我问她老公是谁，她说她老公叫毛仕忠，原来是梭戛乡的乡长。我又问毛仕忠现在何处，她说这几天有事情在

044

梭戛田野记

二访梭戛

外面跑，不在博物馆。

小张说她现在负责接待所有来宾。我就叫她安排我住下。结果我刚把行李放进房间，正准备洗漱，就听到有人在窗外说话，随即走进来几个干部模样的中年妇女，很关切地问我从哪里来，是否住得习惯。

我开始以为她们是来盘查外地流窜犯人的，但看她们和蔼的态度又不大像，而且我感觉其中的一个女干部特别面熟，似乎在什么地方见过，但一时又记不起来。

正当我犯嘀咕的时候，那妇女却叫出了我的名字："潘年英？是你吧？"我说是啊，我是潘年英啊。她说她叫袁美。我立即想起来了，她是我大学同学！我立即惊呼起来："不会吧？天底下会有这么巧合的事情？"

我们已经有20年没见面了。

她说她现在六盘水市扶贫局工作，当局长，今天特意到梭戛来检查她们的一些扶贫项目的落实情况。陪同她上来的是梭戛乡政府的几个干部。说着话，差不多就已经到了吃晚饭的时间了，她们就邀请我跟她们一起到乡政府吃饭、喝酒。我推辞半天推辞不掉，只好从命。结果饭后我再返回博物馆时，风云突变，雷声大作，暴雨倾盆。

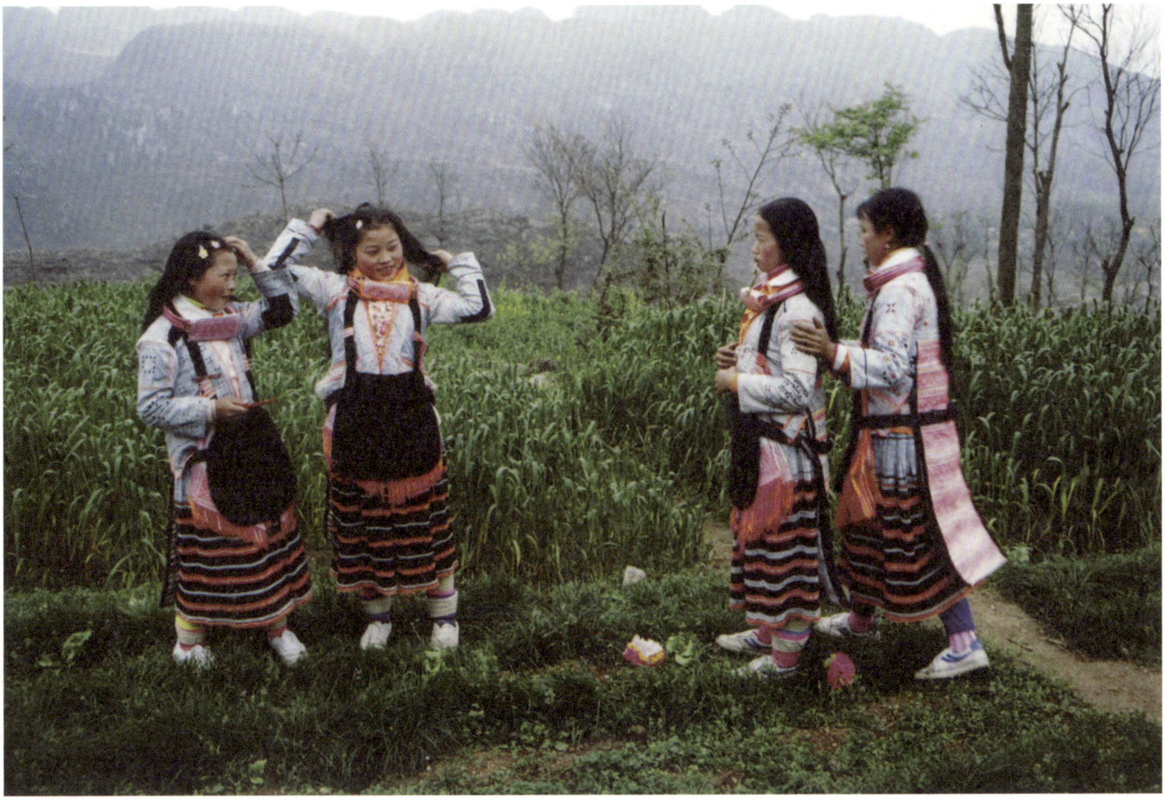

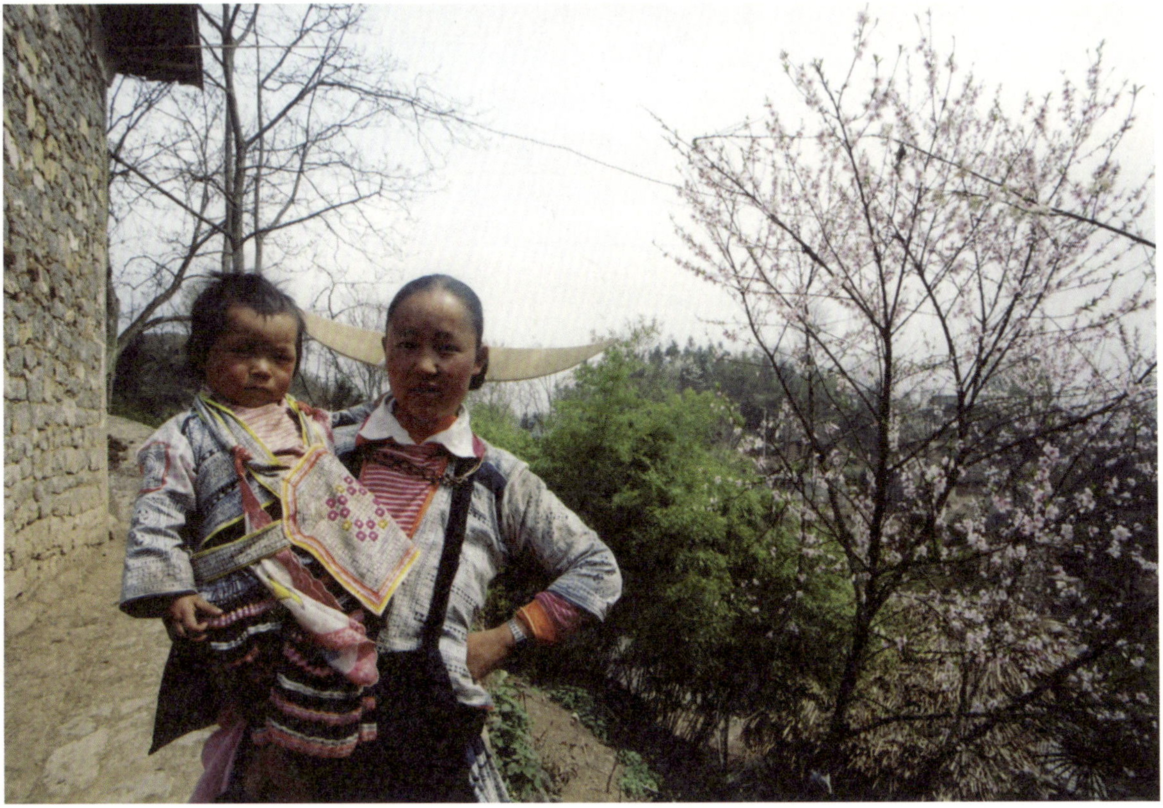

背水表演

我的大学同学袁美局长当天吃完晚饭就返回六盘水去了。我冒雨返回博物馆，继续我的田野工作。

因为风大，不断拍打门窗，我几乎一夜未眠。我发现，招待所里面的各种设施都比上次我来时损坏了许多。后来打听到是博物馆的产权不明及责任不明所致。

次日一大早，我被一群妇女的说话声闹醒。原来是几个陇戛寨上的妇女主动来找我照相。我问她们要多少钱。"随你给，不过最低是10块钱一个人。"她们说。我说："我没有钱，可以照吧？"她们说："你有钱，你们大城市来的人都有钱。你可怜我们嘛，我们地方穷很。"说实话，听到她们的诉说，我心里很难受，我真的很想给她们每人10元钱，然后给她们每人照一组纪念照。但理智阻止了我这样做，一是我当时的确没有这个能力；二是即便我有这个能力，我也不知道这样做对不对。于是，我借口天气不好，没有答应给她们照相。看到她们失望地离去的背影，我内心真的挣扎了好久。

二访梭戛

到中午天气转晴，又有两个姑娘来找我照相。"天气好了，可以照了。"她们说。这一次，我不好再说什么了，就答应了她们。

她们主动提出来让我照背水，而且主动把价格降低到每人只要5元。我同意。于是，我们一同来到位于陇戛寨脚的那口古老的水井旁，她为我做背水表演。

我上次来的时候，这口水井还在使用，背水是每天都有的生活场景。但这次来的时候，因为家家户户都安装了自来水，她们传统的背水活动就消失了，要看她们过去背水的样子，只能请她们出来表演。

给我表演背水的两个姑娘，一个叫朱一芬，一个叫熊金美。她们背着从前每天都使用的木水桶，来到老水井，舀水，盛满木桶，然后背起来，往家里走去。我跟在她们后面，不停地按动快门。中途又有两位妇女加入进来。我没有反对。

其实，她们的表演很自然，很本色，因为这毕竟是她们曾经每天都在重复多少次的最日常的劳动，因而与其说她们是在为我做表演，还不如说她们是在真实地再现着过去的生活。

从镜头里观看她们背水的身姿，的确有一种难以形容的美丽。

052

梭戛田野记

053

二访梭戛

054

梭戛田野记

小兴寨

表演结束后,熊金美说明天赶狗场,问我想不想去。我问:狗场有什么好看的啊?她说狗场也是她们的地方,赶场的时候,可以看到年轻人摇马郎。

"摇马郎就是男女青年唱歌谈朋友,对吗?"我问。

"对,就是这样咯。"她们回答说。

我说那我要去赶狗场。

我问她们去狗场远不远,她们说很远,今天走不到,今天只能走到小兴寨。

我问小兴寨是不是梭戛苗族寨子,她们说是。而且,她们说小兴寨有她们的亲戚,可以带我到那里住上一晚。

经过简单的盘算后,我决定跟着她们俩前往小兴寨。

我们从陇戛出发,途经小坝田和高兴寨,一路上春暖花开,草木簇新,风光秀美,无不令人赏心悦目。我边走边拍照,同时跟两位姑娘闲聊关于梭戛苗寨历史与现实的各种话题,不知不觉间,就在下午四点钟光景

梭戛田野记

二访梭戛

来到了小兴寨。

跟别处的寨子一样,小兴寨也是一个被树木和竹林遮蔽起来的村落,如果不是有当地人的引导和带领,外人一般很难发现这个寨子。

两位姑娘把我带到寨子中间的一户人家,交给一个被她们叫作"嬢"的中年妇女,她们就打转返回陇戛了,我一个人留了下来。

她们一走,天空就黯淡下来了,而且升起了薄雾,气温迅速下降。那个叫嬢的中年妇女不会说汉语,我百无聊赖,想出去到寨子走走看看,但在村口却被一群恶狗堵住,我被吓得不轻,于是胆战心惊地重新回到嬢的屋子里待着,哪里也不敢走动了。一直待到天快黑时,才有一位十来岁的小男孩从山上放牛归来,我想找他说话,但他没读过书,也不怎么懂得汉语。我问了好半天,才大约得知他并不是这家主人的小孩,而是一个早就没有了父母的孤儿,而嬢没有生育子女,他就被寄养在嬢家的。

到晚上七点半,这家人陆续到齐。除了嬢和小男孩,她们家还有两个七八岁的小姑娘和一个比嬢略微年轻的中年妇女,我开始感到很困惑,搞不清她们之间的关系。直到第二天男主人回来后,他才告诉我,说嬢是他的大老婆,因为没有生育,他又娶了那个年轻点的,她为他生下了两个女儿。我说那你不是重婚了,他说,从你们客家人来讲是这样,但在我们苗家是允许的。我点头表示理解,但心里还是觉得有些奇怪。

更奇怪的是,这家人晚上吃饭的时候,竟然没有邀请我跟他们一起吃,而是等他们吃过之后,单独另做一份饭菜给我吃。当时男主人也没有回家来吃饭,说是在别人家帮工要很晚才回来。我找不到可以问话的人,就早早洗漱休息了。她们安排我住在一间又黑又臭的屋子里,我因此也根本没法睡

梭戛田野记

二访梭戛

着,就和衣躺在床上假寐,一直躺到半夜,才听到男主人回来的声音。他已经喝醉了,但一到家,就过我房间来,喊我起来喝酒,我说我已经睡下了,不想起来了,他不再坚持,就回自己的房间休息了。

接下来的整个夜晚里,我不是听到狗吠声,就是听到小孩子的哭叫声。到后半夜,突然间又下起雨来,屋檐下立即滴滴答答闹个不停,同时还传来一阵又一阵的鸡鸣声……这一夜,对我来说,真是一种煎熬啊!

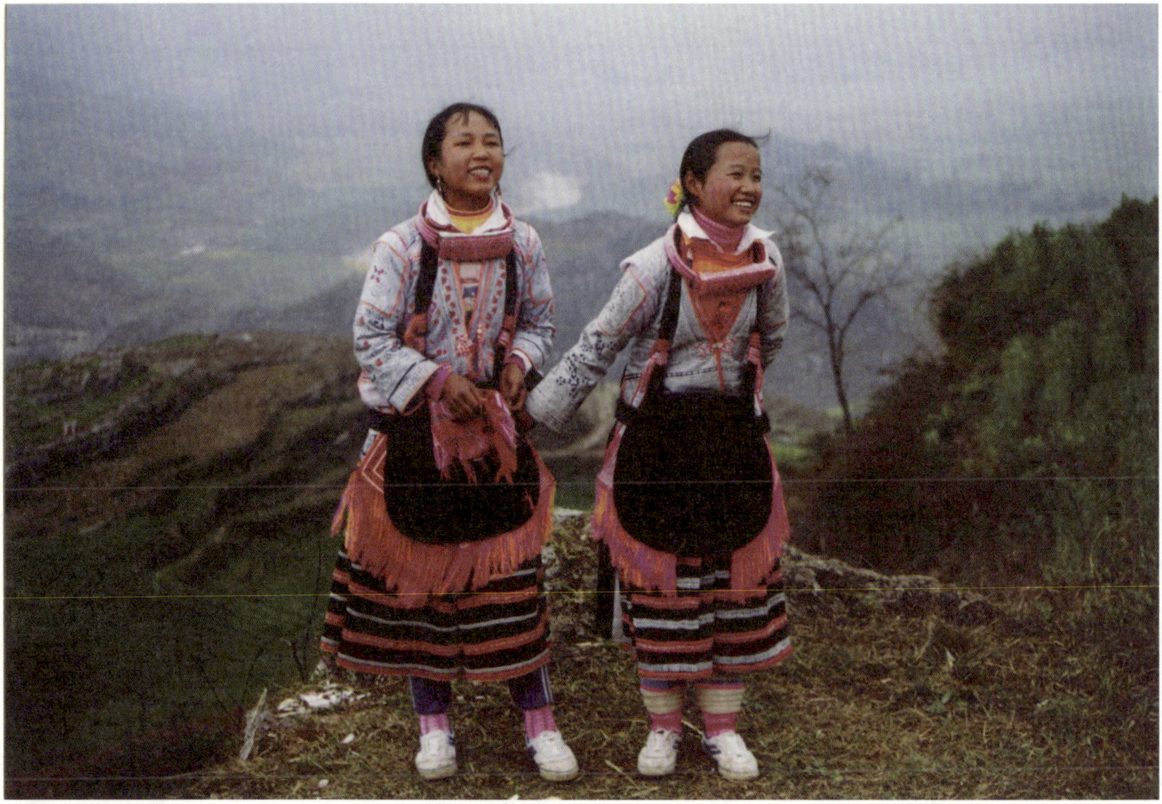

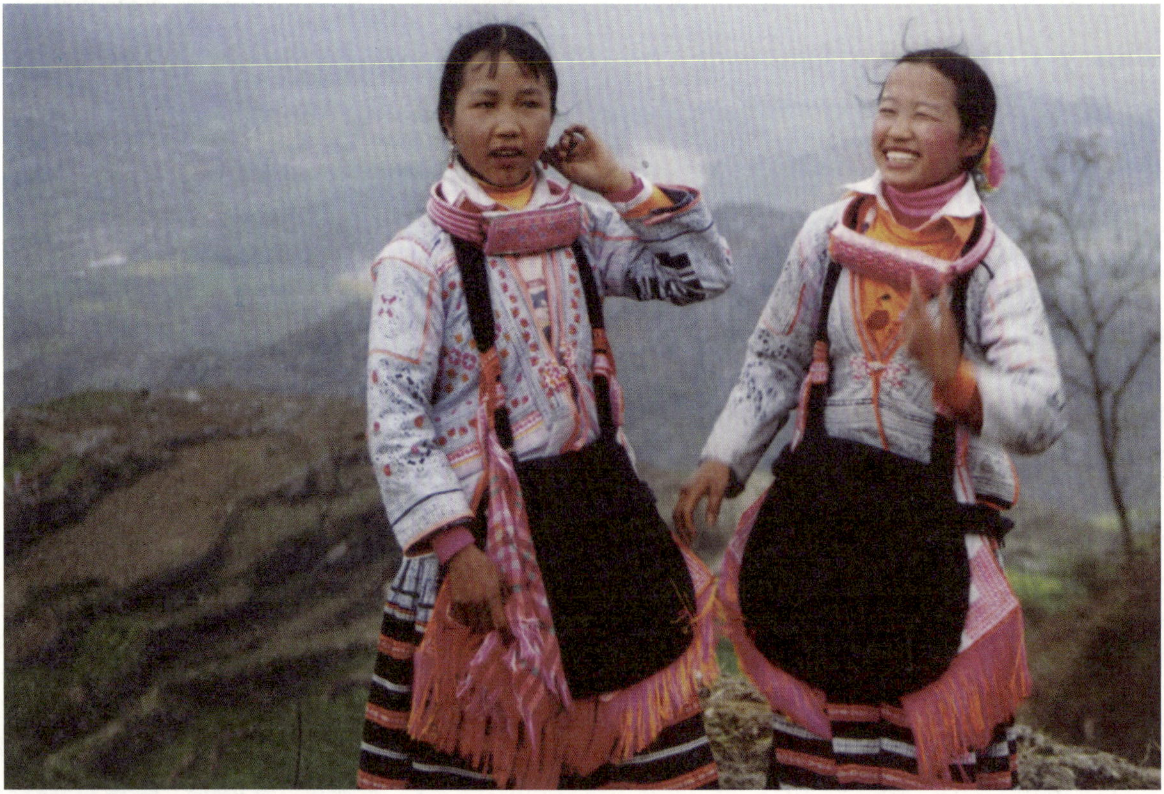

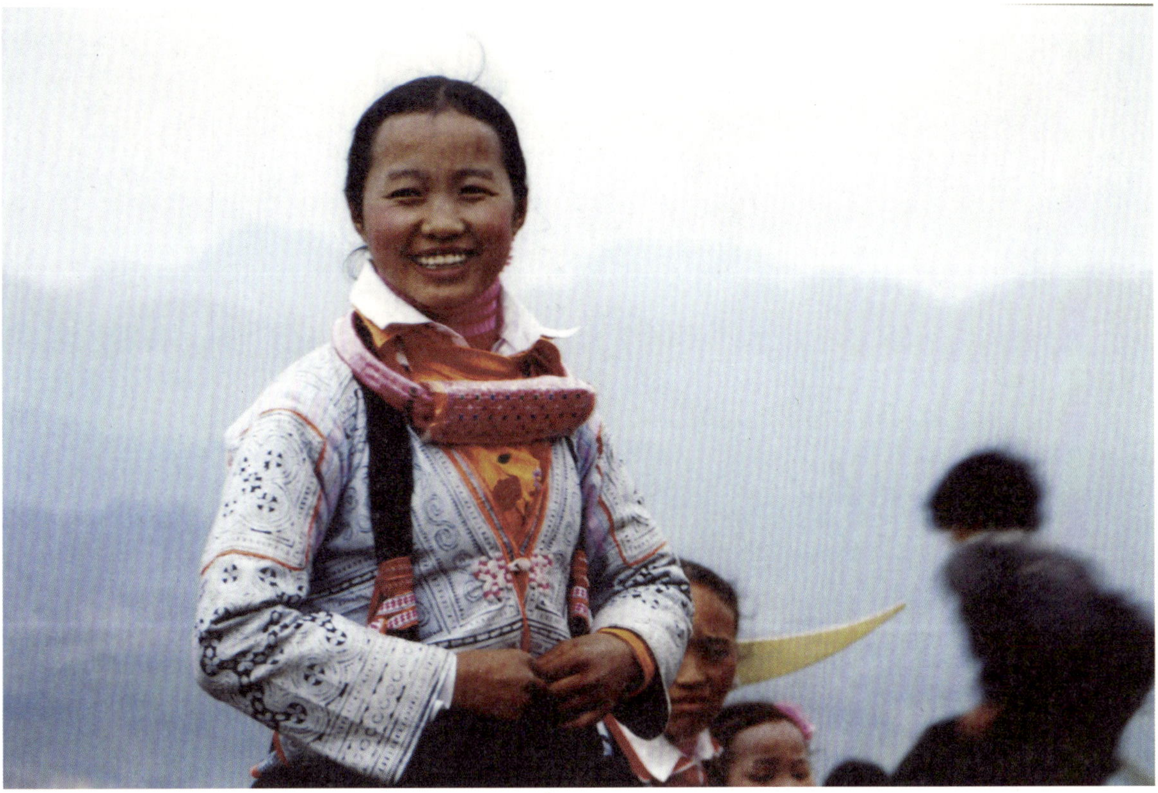

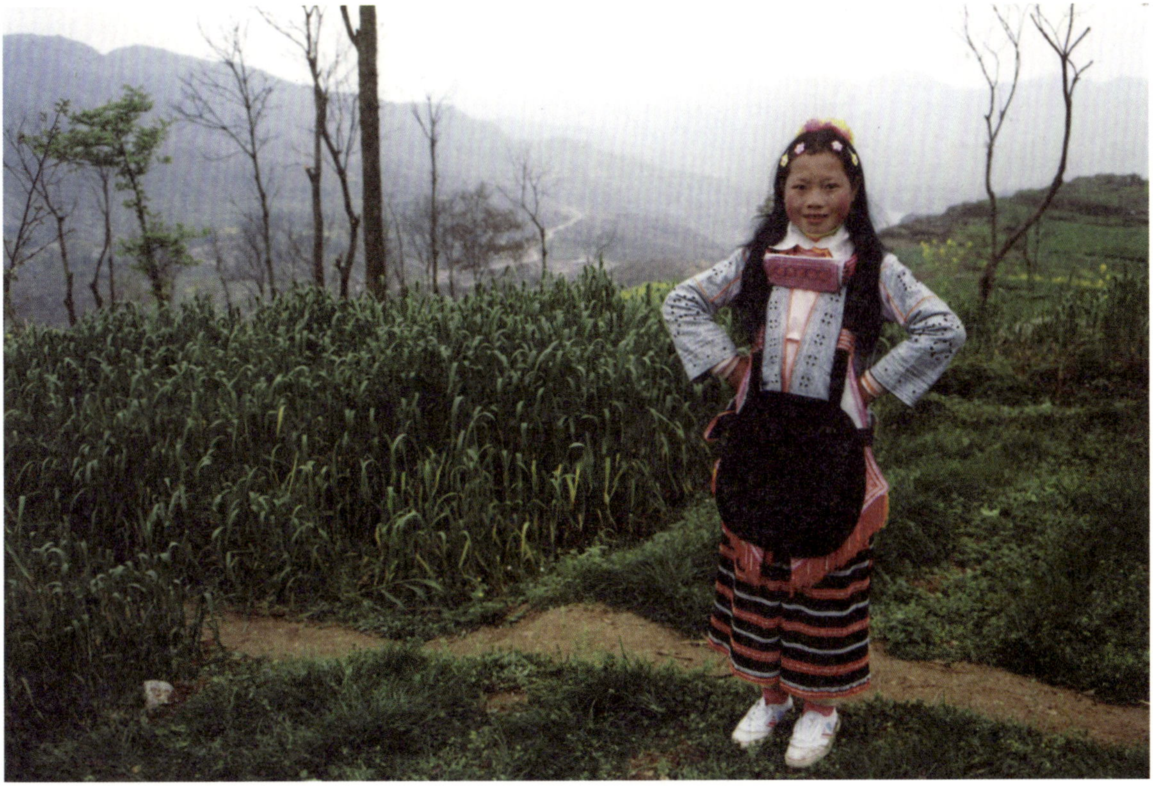

赶狗场

　　我在天快亮时迷糊了一下，但很快又被尿憋醒。在乡村旅行，我感到最大的难题就是上厕所。在这样偏远的乡野，乡民一般都没有修建厕所，即便有，也十分简陋，乡民可以率性而为，但我们这些受过些人文教育的所谓知识分子，还真的不敢太随便。

　　我起床后从主人家后门一小道溜出，在附近找到一简易厕所，先解决了大小便问题，然后返回主人家堂屋里烤火，等候朱一芬和熊金美的到来。

　　但是，主人昨晚醉酒未醒，屋子里的女人们又不会说汉语，而且火炉子里的燃煤都是敞开来烧的，煤烟味重得不得了，几乎使我窒息。我只好又走出村来，准备到附近看看，不想那几条恶狗居然还在原地守候着我，还没等我迈出主人家院子几步，它们就立即扑了过来，我手无寸铁，又没武功，估计不是狗们的对手，只好再次退回主人家的堂屋，实在狼狈不堪。

　　孃整个早上都在背水。主人家的第二个老婆则在做别的活路，也是忙忙碌碌的。我感觉这地方的女人还比较勤劳，而男人则大多懒散且有严重

二访梭戛

的"大男人"思想。

下了大半夜的雨在晨间停住了,但整个小兴寨被浓浓的大雾笼罩,让人分不清东西南北。山里的气温很低,大约只有摄氏十来度的样子。我明显准备不足,衣服带少了,冷得上下牙齿直打战。我渴望着时间尽快流逝,让我摆脱这万般无奈的时刻。

大约等到九点钟,一个长得十分标致的中年妇女来找我照相,她倒不要钱,只说希望我能把照片寄给她就成。我说那没问题。她告诉我她的名字叫熊光英,是这寨子上某某家的媳妇。当她听说我要去狗场时,她说她今天也要去狗场赶场。她还说她丈夫在狗场上班,是一个乡镇干部——难怪她汉语说得那么流利,而且气质各方面与本地妇女明显不同。

熊光英的到来使我恢复了些许元气。我很愉快地给她拍照,一口气拍摄了好几个胶卷。而她看到我如此慷慨,又用苗语叫来了一大群妇女、小孩来拍照。她们甜美的笑容融化了我内心的荒凉和身体的寒冷。

随后,我和她,还有孃,以及主人家的一个小姑娘,一同前往狗场赶场。我们翻山越岭,穿云破雾,走了一个小时山路后来到狗场。这是一个彝、苗杂居的小乡镇,一望而知也是极贫之地,行政所属已经不是六枝而是织金了。

乡场上早已熙熙攘攘,人流如织。身着各种民族服饰的本地居民在一条破烂不堪的街道上拥挤着、流动着,使人感觉到时间的古老和空间的遥远。

一到乡场,熊光英大嫂就撇下我和孃及小妹独自去找她老公了。我带着孃和小妹在乡场上转了几圈,给她们买了些生活日用品,然后选择街边一家饭馆吃饭。熊金美和朱一芬也随即赶到了。我点了饭馆里所能做出的所有好菜，想请她们吃个痛快，但遗憾菜还是很少，而且以素为主，最后结账时总共也才花了25元钱。

吃过饭就已经是下午了，按已往的经验，这时候街边的山坡上就会有青年男女在唱歌谈爱，但当朱一芬和熊金美把我带到那个所谓的"爱情坡"时，我们却没有看到我期待的场面，没有人谈爱，更没有人唱歌，只有几个学生模样的小孩子在做游戏，我们失望而归。朱一芬和熊金美的解释是，也许昨晚下了雨，年轻人不来谈爱了。而且，她们说许多年轻人如今都出去打工去了，这也是没人来摇马郎的原因之一。

我们只好打道回府。一路上，朱一芬和熊金美一再对我表示歉意，说没看上摇马郎让我白走了那么远的路。我说没关系的，我跟你们来赶了一个场，就达到了目的。更何况，此行我结识了孃和光英大嫂，就算是意外收获了。

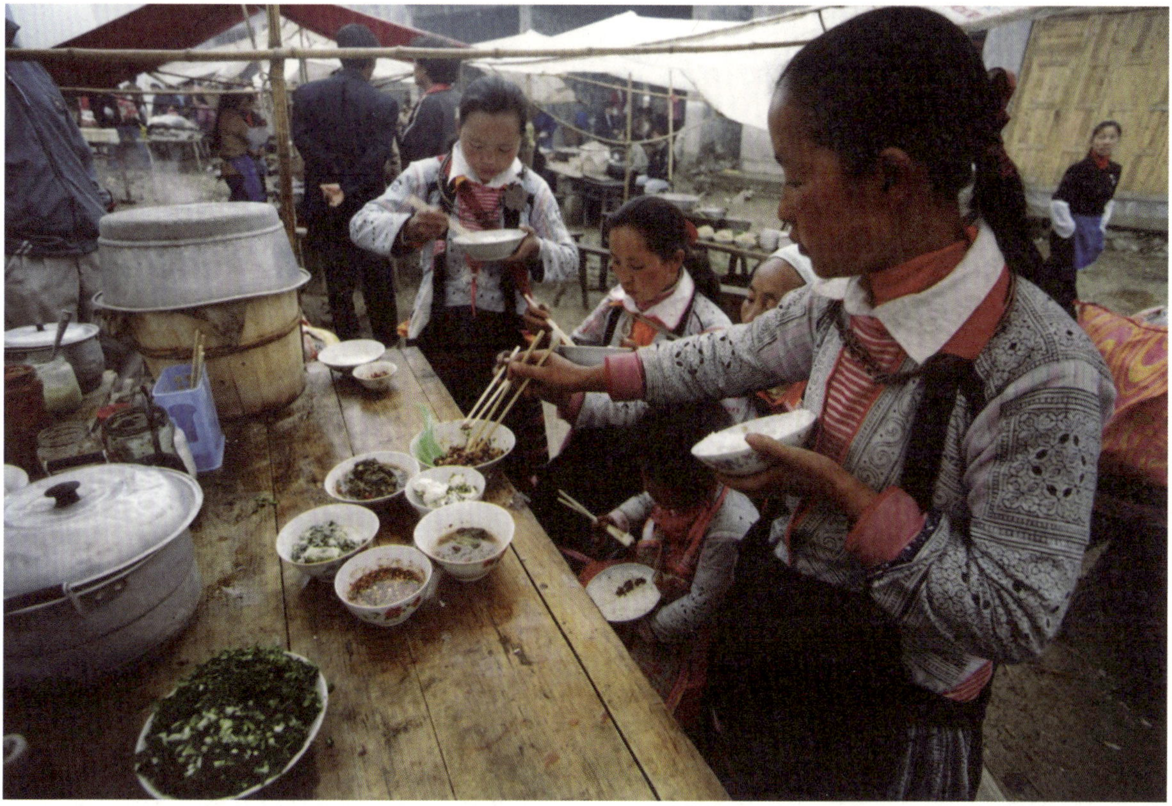

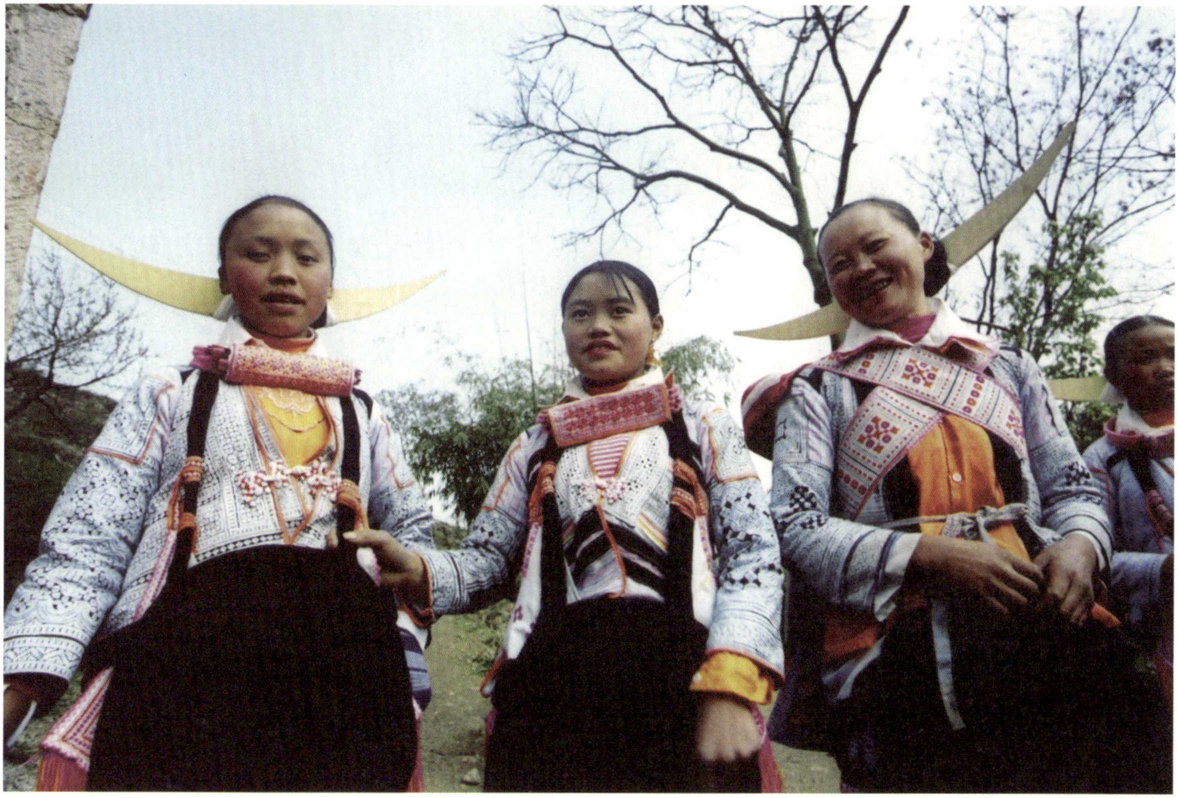

梭戛田野记

安柱"打嘎"

当天下午我和熊金美、朱一芬赶回陇戛，就听说安柱有一位苗族老人过世了，明天要"打嘎"，即举行葬礼。我知道他们的葬礼仪式很特别，也很隆重，所以我觉得机会难得，一定要去看一看。

但是，怎么去呢？跟谁去呢？去到那里之后，找谁呢？

我赶紧找老朋友杨鑫商量。但杨鑫早走了。原来死者是杨鑫的庚爸，是杨鑫爸爸的老战友和同事，也是一个老革命，还跟贵州省原省长王朝文同志一起工作过，前些年王朝文老省长还来看望过他。

我通过杨鑫家人，得知杨鑫已经前去安柱帮忙料理庚爸后事。于是，我心中就有数了。第二天一早，我独自一人下山往安柱村走去，一路上都能看到有人前去吊唁。我记得原来徐美陵馆长跟我说过，梭戛苗寨只要有什么大事，十二个寨子都要围拢去帮忙，现在果然得到了验证。

我赶到安柱村的时候，远远地就听到了打鼓的声音，我循着那声音找过去，在一片风景优美的山坡上，看到了"打嘎"的仪式。

而且，我顺利地找到了杨鑫。我对杨鑫说，我想送点礼，但不知道应

071

二访梭戛

梭戛田野记

二访梭戛

该送多少。杨鑫说,随便,我们地方一般送十块就算是大礼了。我说,那好,那我送三十元,请你转交。

我把钱交给了杨鑫。我这样做,一来是一种礼貌,入乡随俗啊;二来也是想借此跟人家搞好关系,使人家不觉得我太过于陌生。

我问杨鑫可以拍照片吗,杨鑫说,可以,随便你怎么拍都行。

有他这句话,我放心了。于是开始投入工作。

远远近近的村民在上午八九点钟的样子陆陆续续从四面八方聚拢而来,在山坡上祭奠死者。按照他们的老传统和老习惯,他们把死者装入棺材后抬到坟地,然后围着棺材修了一个临时的简易草房,称之为"嘎房",然后围着嘎房敲锣打鼓吹芦笙,以示祭奠和吊唁。妇女们则穿着传统的盛装前来哀哭,跟死者告别。

人越来越多,山坡上到处是前来吊唁的村民。妇女们鲜艳的衣服把整个山坡装点得异常美丽。

这样,到了大约上午十一点钟之后,前来吊唁的人陆陆续续回到当事人家里吃饭去了,杨鑫也跟着大伙去了。但是,很奇怪,他们没有叫我。根据我多年的田野作业经验,苗家人一般是很讲礼节的,我送了那么多礼,主人家应该来喊我去吃饭。然而,这一回,我完全失算了。一直到下午三点钟,也没有人来喊我去吃饭。山坡上当然没有任何可以吃的东西,哪怕是一口凉水,我也喝不上。杨鑫本人不见踪影。而他的爱人熊怀燕背着新生的婴儿在嘎房前跟一大群妇女说话。我多次跟她打招呼,试图引起她的注意,然后指望她能叫人带我去吃饭。

但是,她视若未见。

梭戛田野记

二访梭戛

076

梭戛田野记

二访梭戛

二访梭戛

梭戛田野记

我彻底绝望了！内心变得非常脆弱。

我于是收拾了相机，独自往回走。走到安柱村的时候，看到许多人都在吃饭，但没有一个人叫我一声。到此时，我已经连续工作八九个小时了，从早晨到现在，滴水未进。我的肚子不争气地咕咕直叫，而我的自尊却引领我扭头走向村口。我明白，当我这样走出这个村子的时候，我从身体到心灵都已经受到了极大的伤害。我想：我凭什么来受这份罪啊？无论在单位里，还是在社会上，我都是一个备受尊敬的人，我干吗千里迢迢跑来这地方遭受这份屈辱啊？想到这些，我感觉周身寒凉，心如死灰，突然委屈得想哭。

但是，当我走到村口大路的时候，一位挑水的苗寨村民的一句问候却让我又感受到了些许温暖，同时带来了转机——"你怎么走啦？不拍啦？"噢，我的天，终于还是有人看到我的存在了。我知道，从安柱走到梭戛，还有一个小时的路程，而这时候，我已经没有力气走回梭戛了。

"老乡，我想问你一下，我送了你们主人家三十块钱的礼，为什么他们不来喊我吃饭？难道这样对待客人是这地方苗族的习惯和规矩吗？"我终于找到一个可以发泄心中委屈的对象了。

他看着我好半天，才说："我们苗族没有这样对待客人的习惯，我估计是他们把你忘记了，或者，他们怕你吃不惯我们的饭，才没有喊你吧。来，你跟我来——"

他把我领到主人家屋子里，用苗语跟他们说了些什么。于是，一个看上去比较斯文的年轻小伙走出门来，笑嘻嘻地对我说："你好！你误会了！我带你去吃饭！"

他说他姓杨，是本地小学的一位代课老师。"我们地方吃的死苞谷，

二访梭戛

梭戛田野记

二访梭戛

怕你吃不习惯,就没喊你。"

他把我带到一户正在吃饭的人家里,安排我坐下,然后又给大伙做了解释和介绍。大伙都笑起来,说:"哦,哦,来来,欢迎你来我们地方,可是我们地方穷,可怜你来。"

一群妇女突然到来,而且一来就直接给我灌酒,说这是苗家的规矩。一碗,两碗,三碗……我几乎没有挣扎的力气,甚至也没有反抗的意愿。三五碗下肚之后,我的头脑立即沉重起来了,身体却轻飘起来,意识也模糊起来……

082

梭戛田野记

三访梭戛

巨变

四年时间又一晃而过。当我再次来到梭戛的时候,时间已经到了2008年的7月。

我依旧从贵阳乘火车来到六枝,然后由六枝转乘汽车到梭戛。

这一次来,我发现有几个大的变化。一是从贵阳到六枝的火车档次提高了,虽然没买到坐票,但人不算太挤,而且车厢里有空调,我随便找一角落蹲了一个多小时,就到了。二是从六枝到陇戛,有直达的乡村公共汽车。三是原来陇戛寨上的居民,绝大多数已经整体搬迁到梭戛生态博物馆前面的高兴新村——那是由国家投资为梭戛苗寨人修建的一处别墅式新村,据说之所以这样做,主要是为了防止村民在陇戛老寨乱建房子,从而达到原生态保护传统建筑和生活环境的目的。这些别墅新居在我第二次到访时已经在建,有部分村民已搬进去。四是在梭戛街上和陇戛寨门口,出现了许多载客的摩托车,我的老朋友杨鑫,即在其中。五是在高兴新村村口,新设了一个收费点,每人收取门票10元……

我径直来到梭戛生态博物馆资料信息中心。我还以为可以像以前那样

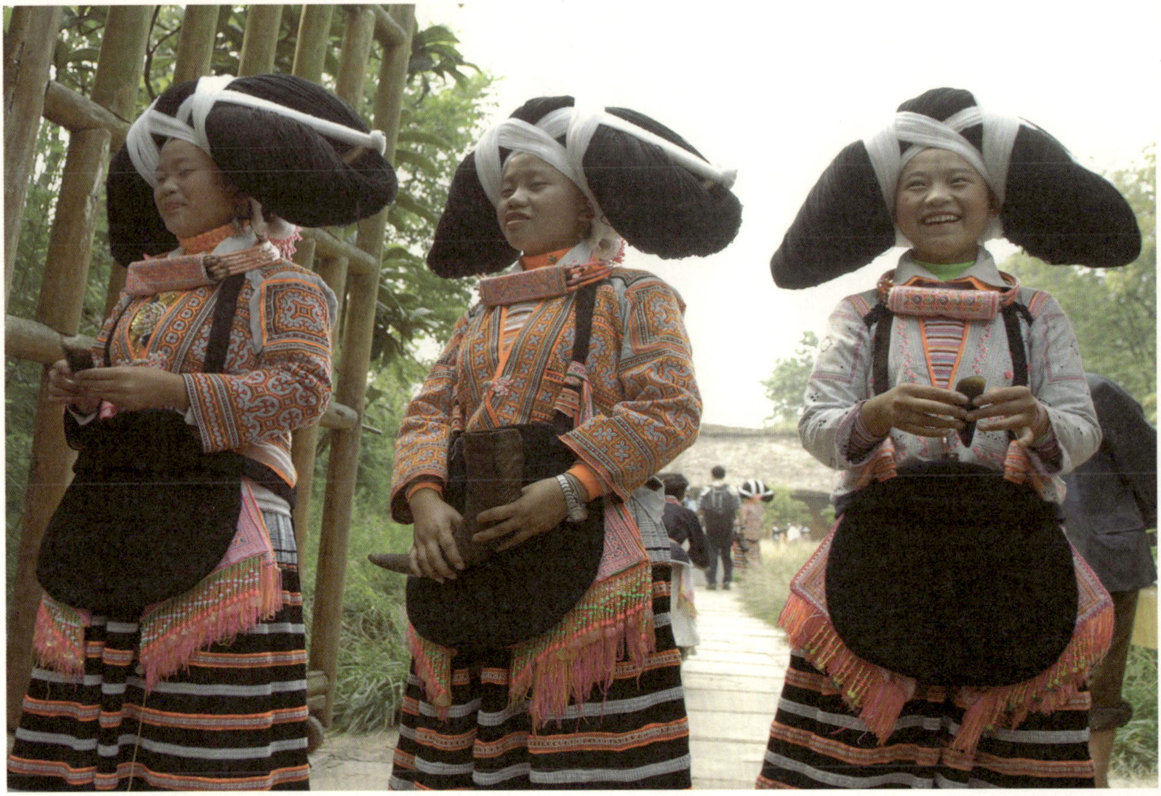

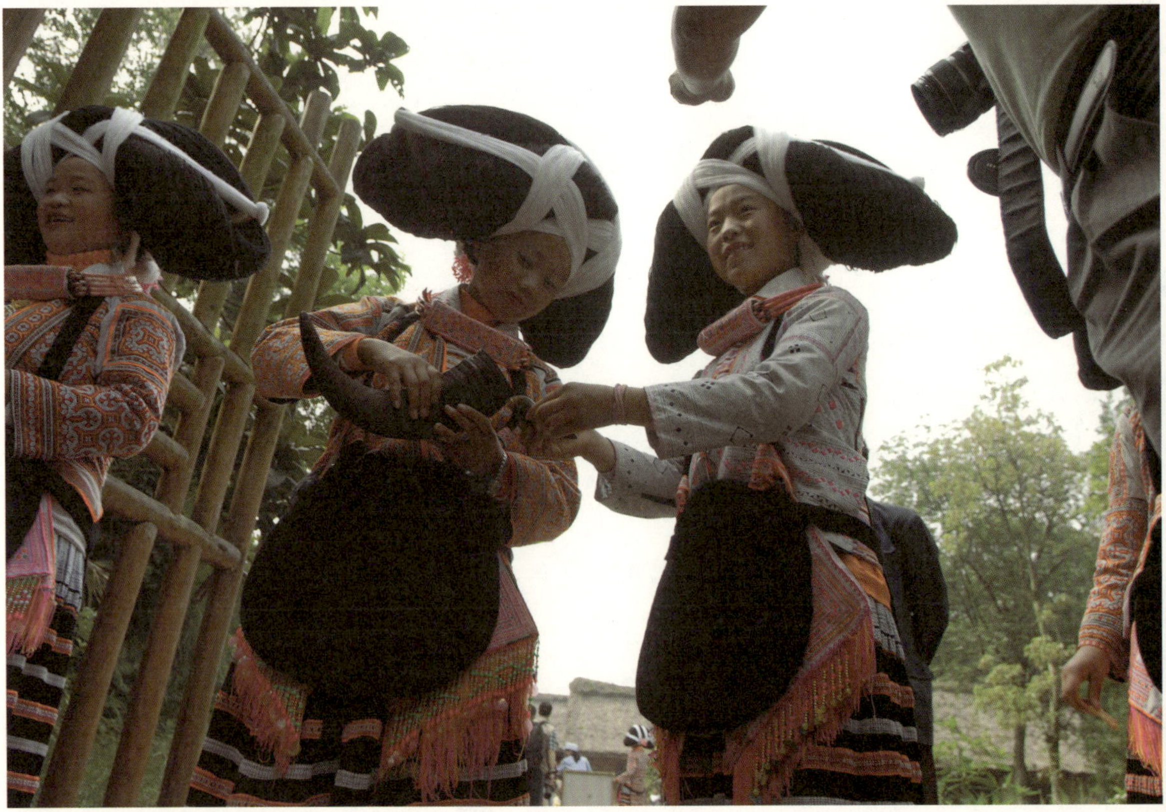

089
三访梭戛

梭戛田野记

直接入住招待所。结果我走进中心院落一看，早已人满为患——一大群来自全国各地的大学生早在几天前就住进博物馆了，他们不仅"霸占"了所有招待所的床位，而且还把博物馆会客厅和资料室的房间也全部改作集体宿舍了。

好在博物馆搞接待的还是四年前接待我的小张。她已经认不出我来了，但我稍一解释，她立即有了印象。然后，在她的帮助下，我被安排在接待室的大厅休息。

放下行囊，我立即就到陇戛寨上走了一圈。我发现，原来的水井已经被彻底废弃了，只有在客人来需要观看时，才有人在这里象征性地表演一下，而在表演的过程中，她们甚至连水都懒得背了，直接背一空桶就走。陇戛老寨的确没有大的变化，因为据说这里要改动一草一木都必须取得省里生态博物馆专家的同意，否则将被处罚，没有人愿意去惹这个麻烦，因而陇戛寨整体村寨环境得以完好保护。而且，我还发现，现在的生态比原来还要好些，具体说就是，树长大了，原来的耕地减少了，于是绿色的植被也比以前多了。

但是，与此同时，村寨里的恶狗也多了起来。我所到之处，无不被恶犬狂吠和追咬。我不知道这是什么原因。是因为小偷多了呢？还是狗肉值钱了？我不得而知。

091

三访梭戛

092

梭戛田野记

三访梭戛

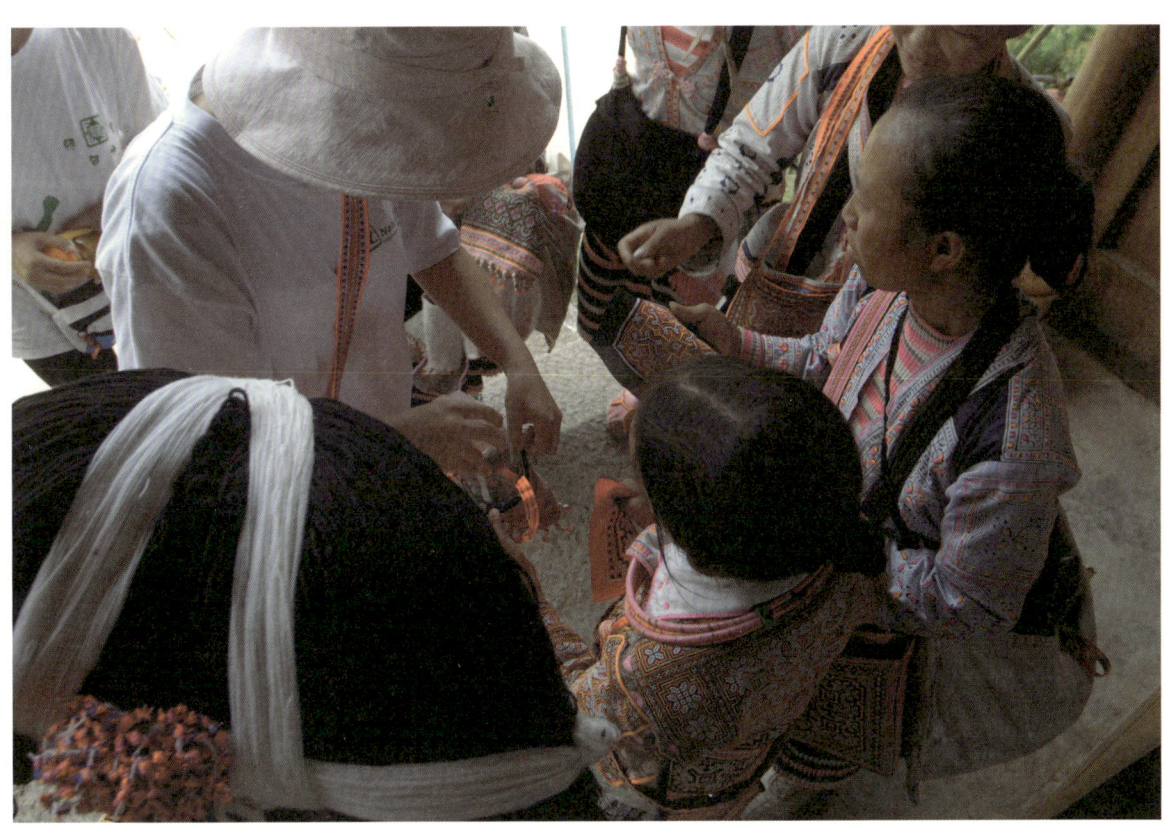

新老馆长

吃晚饭的时候，我终于见到了小张的爱人毛仕忠。我上次来到梭戛的时候，就听说他接管了梭戛生态博物馆，任馆长，但后来一打听，又说不是，说博物馆的馆长是个女的，叫焦新闻，原来是梭戛乡的副乡长，本来做这个馆长也是兼职的，不大有时间来打理馆里的事情，后来生了孩子，就再也不上来了。因此，事实上，毛仕忠就成了今日梭戛生态博物馆实际的当家人。

毛仕忠夫妇承包了生态博物馆的接待工作。凡有客人来，他们都负责接待，同时负责给客人搞伙食，他们当然也要收取客人一定的费用。

从我观察到的情况看，毛仕忠夫妇的工作还是非常认真负责的。从来到梭戛生态博物馆的那天起，我就看到他们一直在不停地给客人安排食宿，忙得不亦乐乎。

晚上吃饭的时候，他请我去喝酒，但看得出，他并不是很想喝（也许是本身没有酒量，也许是身体方面的原因，再或许，是"妻管严"的原因），但又有点担心怠慢我，所以劝我喝酒的时候，有点理不直气不壮，

095

三访梭戛

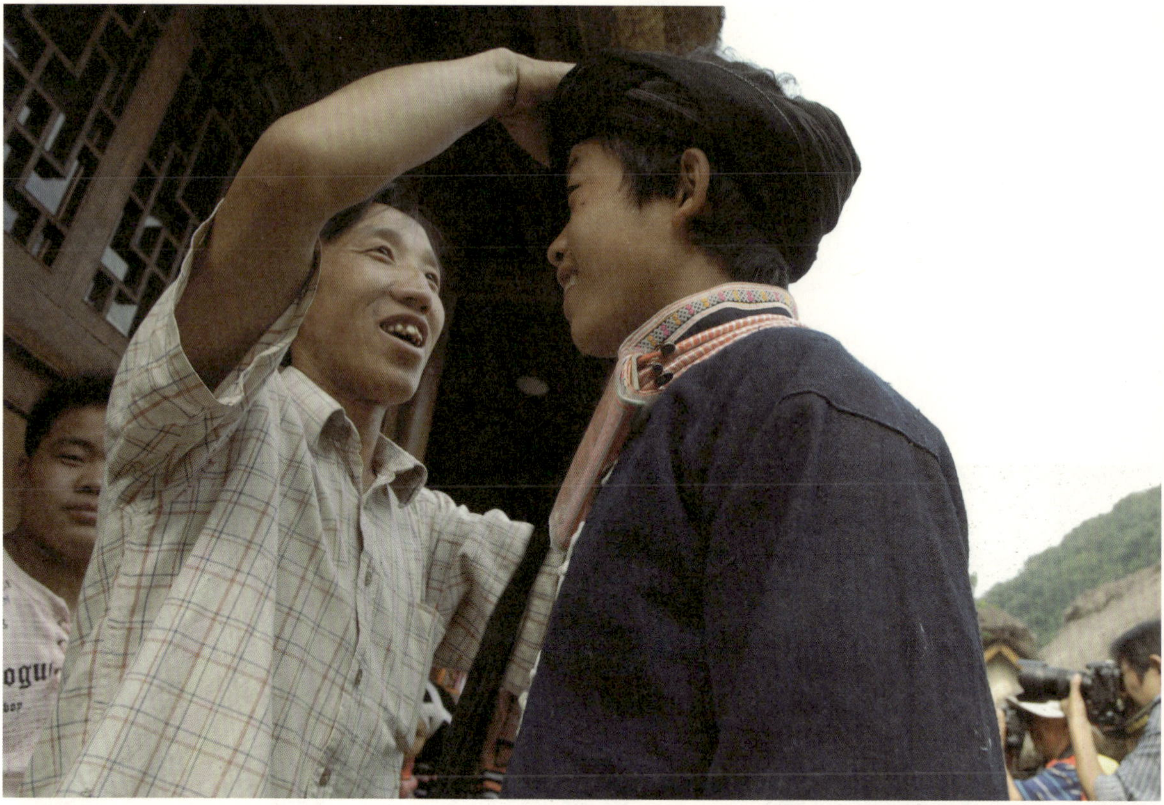

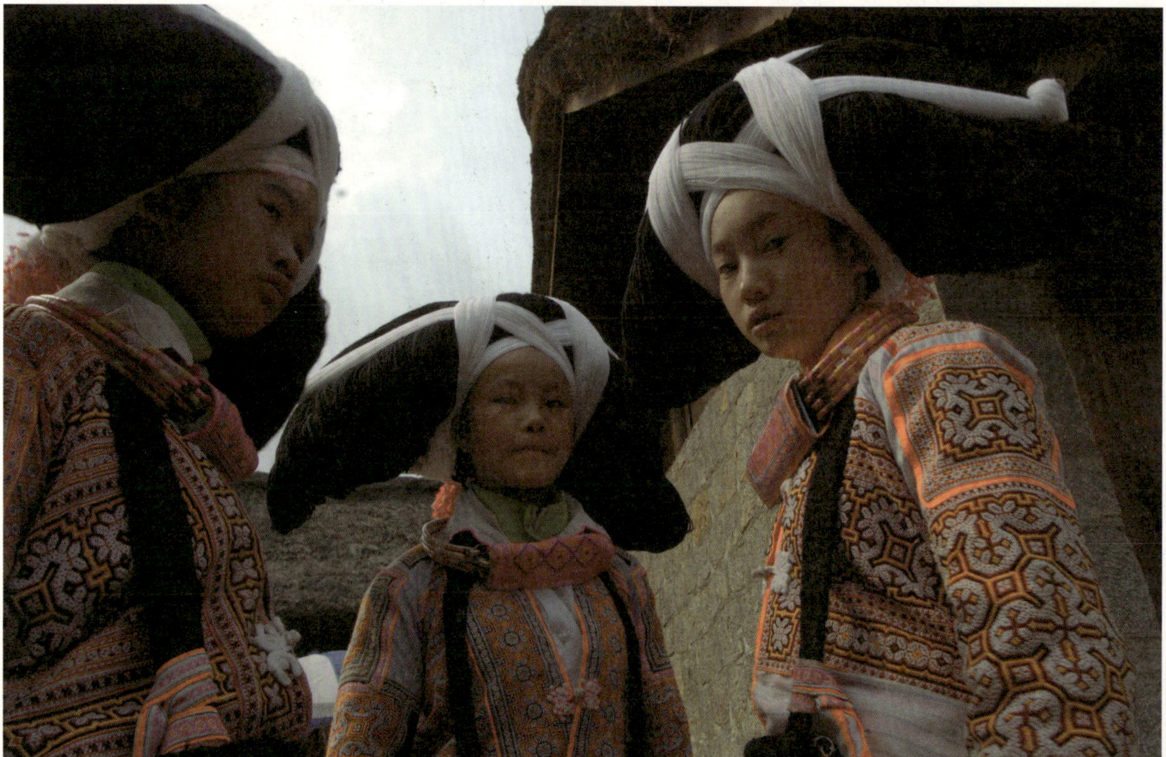

三访梭戛

扭捏了半天，一瓶白酒还被一只脚不小心踢倒了，当场报销。"哦嗫，吃个屎喽！"他说。

但客观而论，与前任馆长徐美陵先生比较起来，毛仕忠先生对于生态博物馆的概念和运作显然既缺少理论也缺少热情，他甚至根本就不想去搞清楚这个博物馆的来龙去脉，因而也很少思考其将来的命运和前途。

记得八年前我第一次来到梭戛的时候，徐馆长就告诉我，说按照国外生态博物馆的理论，博物馆的主人应该是当地居民；而且，我还记得很清楚，他当初就已经在着力把杨鑫夫妇努力培养成为博物馆方面的专家了。后来，我从媒体上得知，他们也的确是按照这个思路去培养本土人才的。比如说，杨鑫的爱人熊怀燕后来不仅被安排到国外去参观学习，而且还被选举为地区人大代表，甚至还是省人大代表。但是，她最终还是没能当上博物馆的主人。什么原因呢？这是我此行想要了解的主要问题之一。

而要了解到这一情况，我就必须得接近杨鑫夫妇。

变迁与适应

一天，我去陇戛老寨拜访杨鑫夫妇，不遇。其房屋大门紧闭，只有几只恶犬守家。我问隔壁的一位老人，才得知杨鑫夫妇已经搬到新寨去住了。

所谓新寨，就是前面提到了国家专门为他们修建在博物馆前面的那处别墅群，本地人叫新寨，但政府方面对外介绍，则叫高兴新村。高兴，是一个村的名称，包括陇戛、小坝田、高兴等几个自然寨。

恰好这天中午我到梭戛街上赶场，在路口意外碰到了杨鑫。他当时正在用摩托车载客往返梭戛，见到我，也认不出来了，毕竟他接待的人太多，而且我一去又是四年。但是，当我向他稍做说明，他立即就有了记忆。"哦，潘老师，对不起，我这记性差得很。"他把我载回陇戛，并邀请我到他在新寨的新家小坐。我担心影响他做生意，就不敢久坐，但还是跟随他去认了一下他的新居。

新居是别墅式的复式楼，两进，两间，两层，建筑面积约合120平方米，建筑材料完全取自本地的石头，看上去古色古香，十分舒适。但走进家后才发现，鸡鸭粪便随处可见，卫生环境依然沿袭传统，跟老房子没有

三访梭戛

三访梭戛

什么太大改观。

  我从杨鑫家出来后，又顺便参观了好几户新村居民住宅，卫生环境都比较恶劣。看来在社会文化变迁的过程中，他们有适应的部分，也有不适应的部分。

化董寨

第二天,我听说化董苗寨有"打嘎"活动,就叫杨鑫用摩托车载我过去。他说,哎呀,你昨天不早讲,我家怀燕她们昨天就过去了。我说,今天赶过去也好。于是,我坐着他的摩托车,赶到了化董。

化董是十二个寨子中距离梭戛最远的一个寨子,属于织金县管辖。梭戛虽然有公路通达化董山脚,但那公路几乎不能通行任何汽车,坑深坡陡,弯急路滑,我们骑一段,然后又下车步行一段,走走停停,大半天才来到化董坡脚。

杨鑫把车子停在路边,然后打电话叫熊怀燕下山来接我。电话打通后,他就带着我往山上走。

我们爬到半坡,就见到了熊怀燕和她的一位亲戚在半山腰的一片树荫下等候。杨鑫跟我告辞,然后独自下山骑车返回陇戛,我跟着熊怀燕继续爬山去化董。

一聊起来,熊怀燕就说对我还有印象。而我对跟她来接我的那女子也有些印象,一问,才得知是杨鑫的妹妹,几年前嫁来化董做了人母,而八

三访梭戛

梭戛田野记

三访梭戛

年前我来到梭戛的时候,她还是个小姑娘,没有出嫁,想不到一转眼,都成大人了。她说她也还记得我。

爬到山顶,一个看上去比陇戛苗寨更加贫困的村落出现了——裸露的石山,泥泞的村道,连片的茅屋,还有那一张张麻木的面孔。她们说,这就是化董。

她们把我带到杨鑫妹妹家小坐。但实际上那屋子根本没法坐,昏暗,狭窄,拥挤,肮脏,呛煤。那间房子既作为客厅,又兼作伙房,还是卧室、仓库和保管室,行八郎什么东西都堆在一起。我走进去后,实际上无立脚之地,我借口到外面照相,就出来了。但我哪里也不敢去,因为这寨子和陇戛寨一样,到处是恶犬。我只能站在杨鑫妹妹家的门前给路过的行人拍照。还好,那天阳光明媚,天气出奇的好,很适合拍摄人物、景色,而且由于我本身所处位置不显眼,拍摄到的日常生活照片十分自然。

不一会杨鑫妹妹做好饭请我吃,饭是苞谷饭,菜是辣椒煮豆腐。由于一大清早就出门赶路,没来得及吃早餐,此时我早已饥肠辘辘,但看到这样的饭菜,我还是没有半点食欲,勉强吃了小半碗苞谷饭和几块豆腐,就告辞出来了。

我始终没有看见她家男人,也不便问。但有四五个小孩。因为在一起吃饭,估计都是兄弟姐妹家的。我送了每人10元钱。他们没有吭气,但他们的母亲立即用苗语千恩万谢了。

饭后我跟着熊怀燕到"打嘎"的山坡上去拍照。我问她要不要送礼,她说,我们随便照点就走,不用送了。我就听她的没送。因为有了上次的

梭戛田野记

三访梭戛

经验，我明白在这个地方，送不送礼其实并不要紧，要紧的是要找到一个好的向导。现在，熊怀燕就是我最好的向导。

的确，有了熊怀燕的帮助，我这一次拍摄"打嘎"活动，就变得十分顺利了。

我等熊怀燕吃过饭后，就跟着她一起来到距离化董寨不远的一处风景优美的山坡上，观看"打嘎"。

整个"打嘎"过程跟我四年前在安柱所见完全相同，即所有亲属都围绕着死者的棺材吹芦笙、打鼓吊唁。妇女们均身着盛装，在棺材前掩面哭泣，同时述说死者生前事迹。场面感人，情景可观。

所有的仪式完全相同。唯一不同的是，上次我在安柱见到的妇女大多头戴木角，而这一次，除了一位老年妇女还戴木角外，其余妇女都已经不再戴角了。

我问熊怀燕为什么现在的妇女都不戴角了？她说，戴角很容易掉头发，所以大家都不大喜欢戴了。

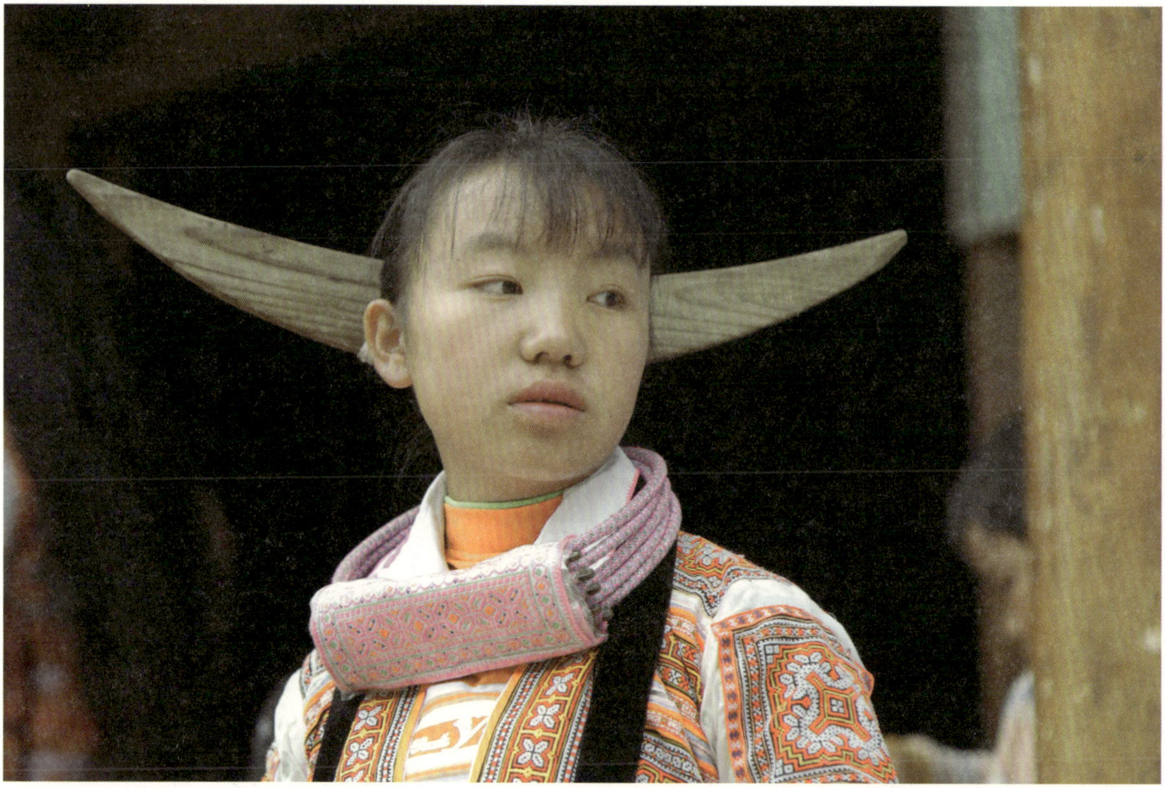

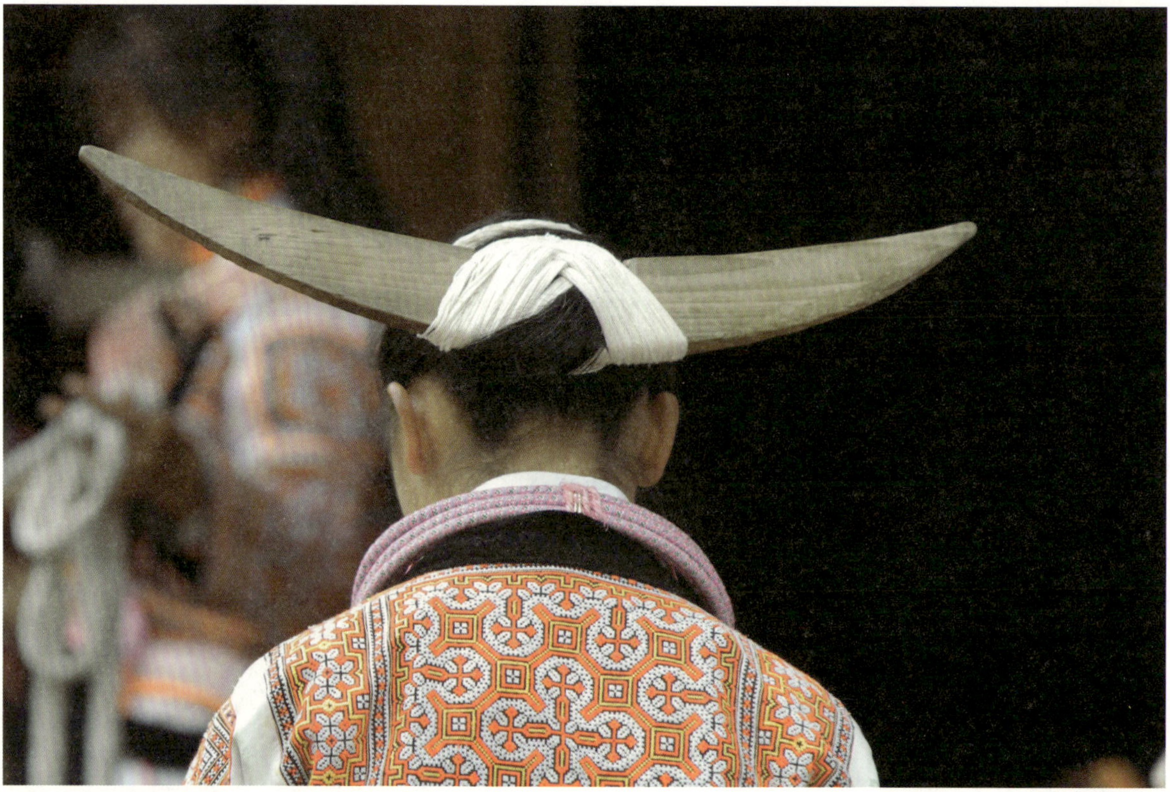

三访梭戛

熊怀燕

我和熊怀燕在山坡上拍摄"打嘎"到下午一点多钟,就往回走了。

在重新回到化董的时候,她叫我在路口等她一下,她要去杨鑫妹妹家拿个什么东西。我就在死者家门口等她。

当时死者家有很多人在吃饭、喝酒。但与我上次在安柱的遭遇一样,在这里,依然没有任何人请我吃饭。没有,哪怕是象征性或礼貌性地喊我一声,也没有。

对此,我感到有些不可思议,因为在别处的苗族社会中,如此冷漠地对待一个陌生的访客,我还从未遇见过。

当熊怀燕再次与杨鑫妹妹出现在我面前时,我发现,她居然换下了自己民族的传统服装,而改穿一套时髦的运动衫。

杨鑫妹妹把我们送出村口,就自己往回走了。我和熊怀燕步行赶回陇戛。

她带我走的不是我和杨鑫来时的大路,而是一条风光如诗如画的山间小路,我一路跟她闲聊,一路拍摄风景。

三访梭戛

116

梭戛田野记

三访梭戛

一聊起来我才得知,她这几年经历了很多人生的曲折。她出过国,到北京、贵阳等地去打过工,演过电影,当过打字员,还开过饭店,但都一一失败,没有赚到钱,最后连回家的路费都是跟朋友借的。

我说你这些经历就是财富啊!你把它写出来,就是一本大书啊!

她说她是要写,而且已经在做准备了。

"我马上就要买一台电脑。我要用电脑来写我的这些故事。"

"你会使用电脑吗?"我问她。

"会,"她说,"我用过。我过去还整理过一部梭戛苗族的民间故事集。"

"出版了吗?"

"没有。没有钱嘛。不过,稿子还保存在我那里,我将来是肯定要出版这本书的。"

我又问她为什么没有参与生态博物馆的管理。她叹了口气,说:"哎,别提了,我不想谈论这个事情,你去问别人吧。"

她这么一说,我当然也就不好再追问下去了。

我们顶着烈日走了将近两个小时,就回到陇戛新寨了。快到家时,她打电话叫杨鑫出来接她。杨鑫很快就骑摩托赶到,把她接走了。

我一个人继续走路回到博物馆。

梭戛田野记

三访梭戛

梭戛田野记

表演

梭戛生态博物馆几乎每天都有客人前来参观。而每当有客人到来，陇戛寨的村民就会被组织起来表演相关的文艺节目。

表演的内容根据客人的要求而有所不同。或者说，表演内容的丰富与否是根据客人下的订金来决定的。一般的客人到来，他们就简单表演一下，跳跳舞，唱唱歌，随便展示一下自己传统的民族服装，就可以了。但若遇到比较大的团队到来，他们就会动员全寨的力量来表演，尽量展示过去的生活和文化记忆。

一天，我正准备走出博物馆资料信息中心，到陇戛寨上去走走串串，却在村口遇见一群少女正在梳妆打扮。我赶紧拿出相机给她们照相。

"不准照，要照你就拿钱来。"其中的一个中年妇女说。

"好，我不照了。"我说。

我装着对她们梳头不感兴趣的样子走开了。但我其实并没有真正走开，而是躲在距离她们较远的一个角落用长焦对她们梳头的过程继续进行拍摄。

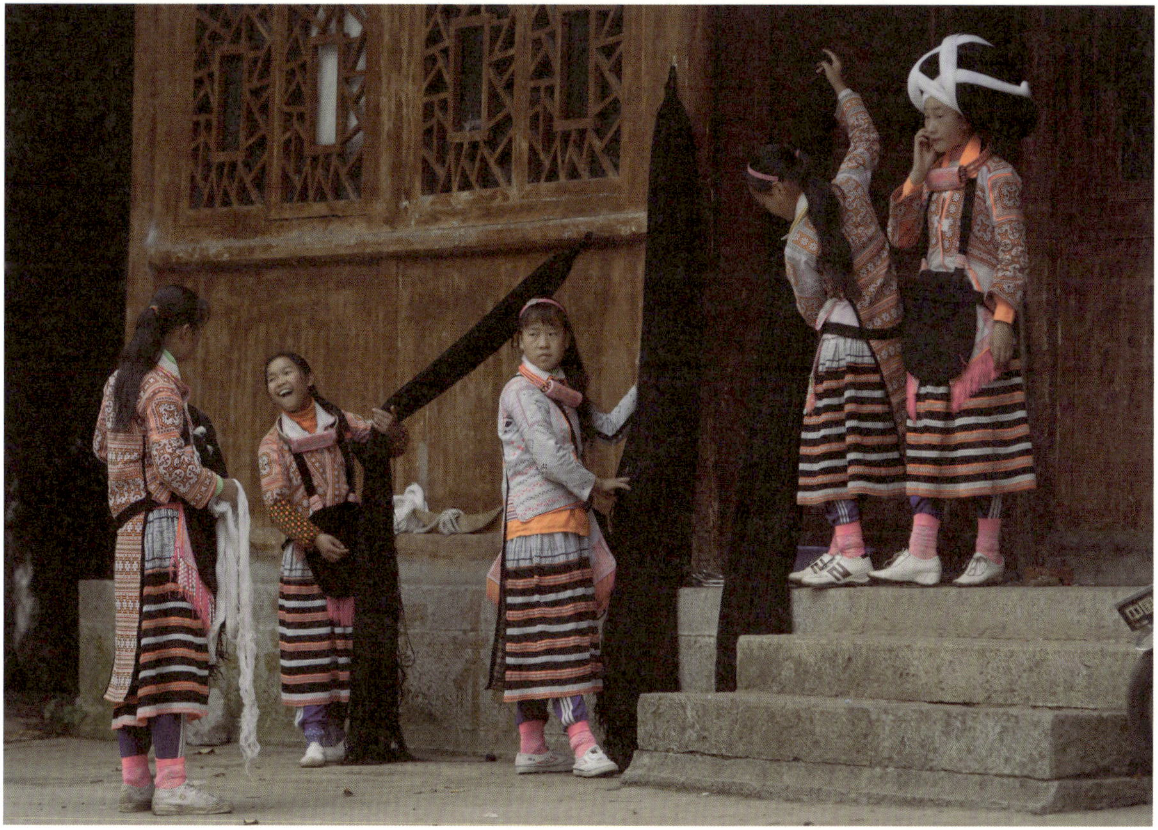

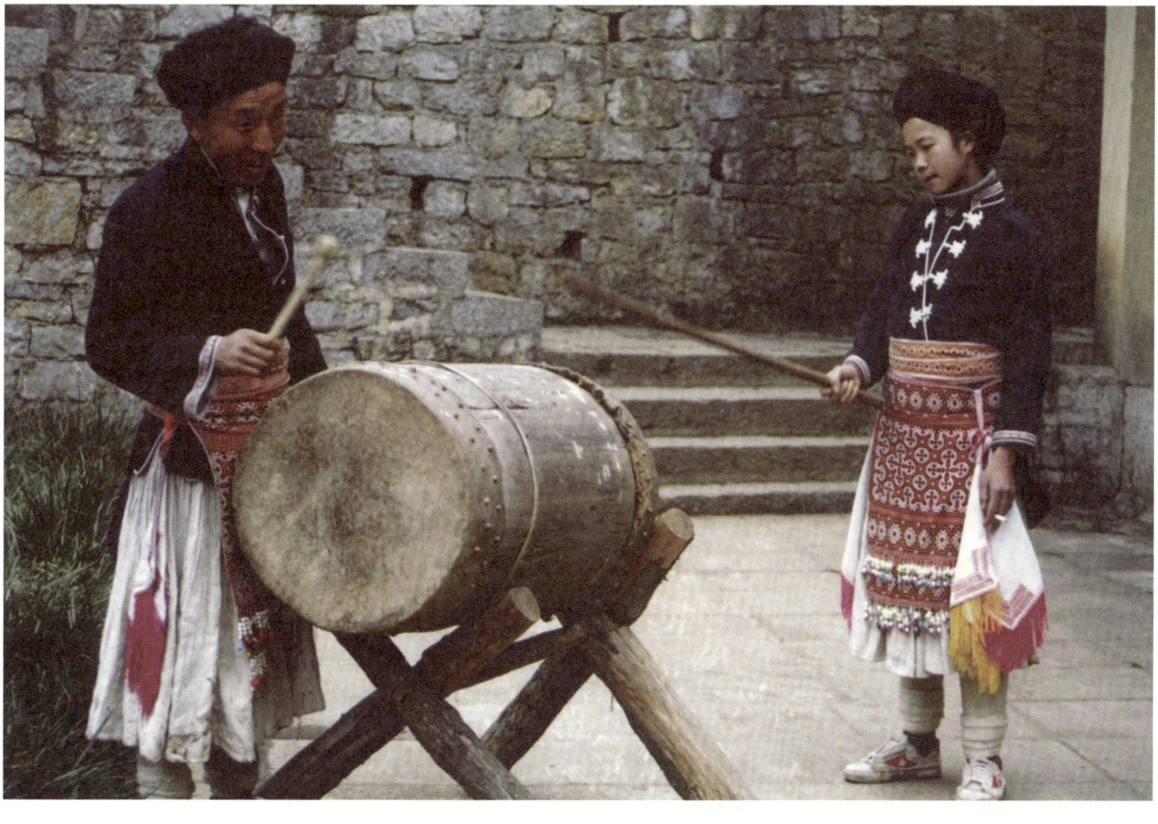

梭戛田野记

她们当然很快发现了我。但已经不再对我提钱的要求了。

我拍摄了有10分钟左右，她们就习惯我的存在了。有意思的是，接下来她们不仅不再对我提出抗议，而且还在暗中主动配合我的拍摄，比如故意把正面形象留给我，摆好POSE等。

我拍了一阵后，也主动走过去把皮夹子里全部的零钱拿出来给了几个年龄较小的姑娘。但没想到，她们却很不高兴地说："才这么几块呀，不够！"我问她们要多少？"每人起码给10块！"我说我没零钱了，全部的零钱都在这里了。

"你拿一百来我们找给你。"她们说。

这下轮到我傻眼了。我差不多真要拿出一百来给她们了。但我最终还是狠狠心走开了。有时候，我感觉这真的让人很不愉快，但是，见识和经历多了，也会慢慢习惯和适应，同时心灵也会渐渐变得坚硬和冷漠起来。

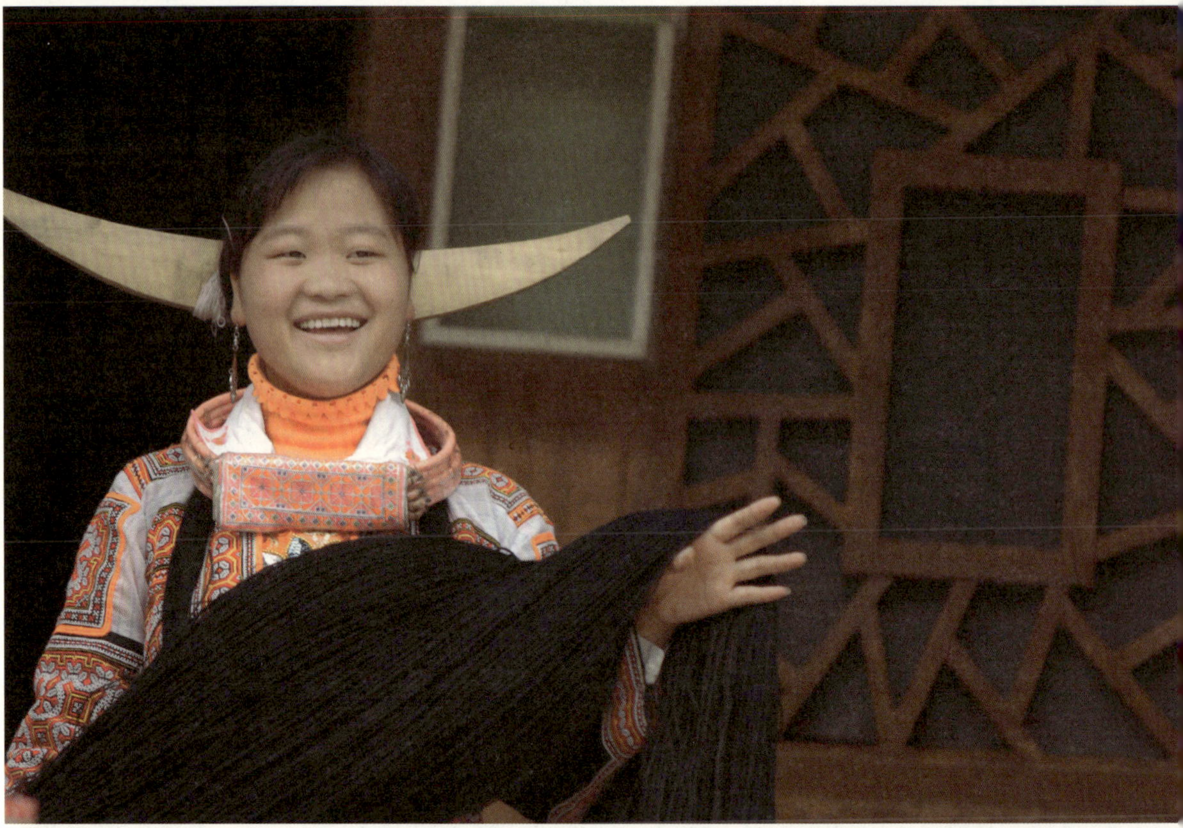

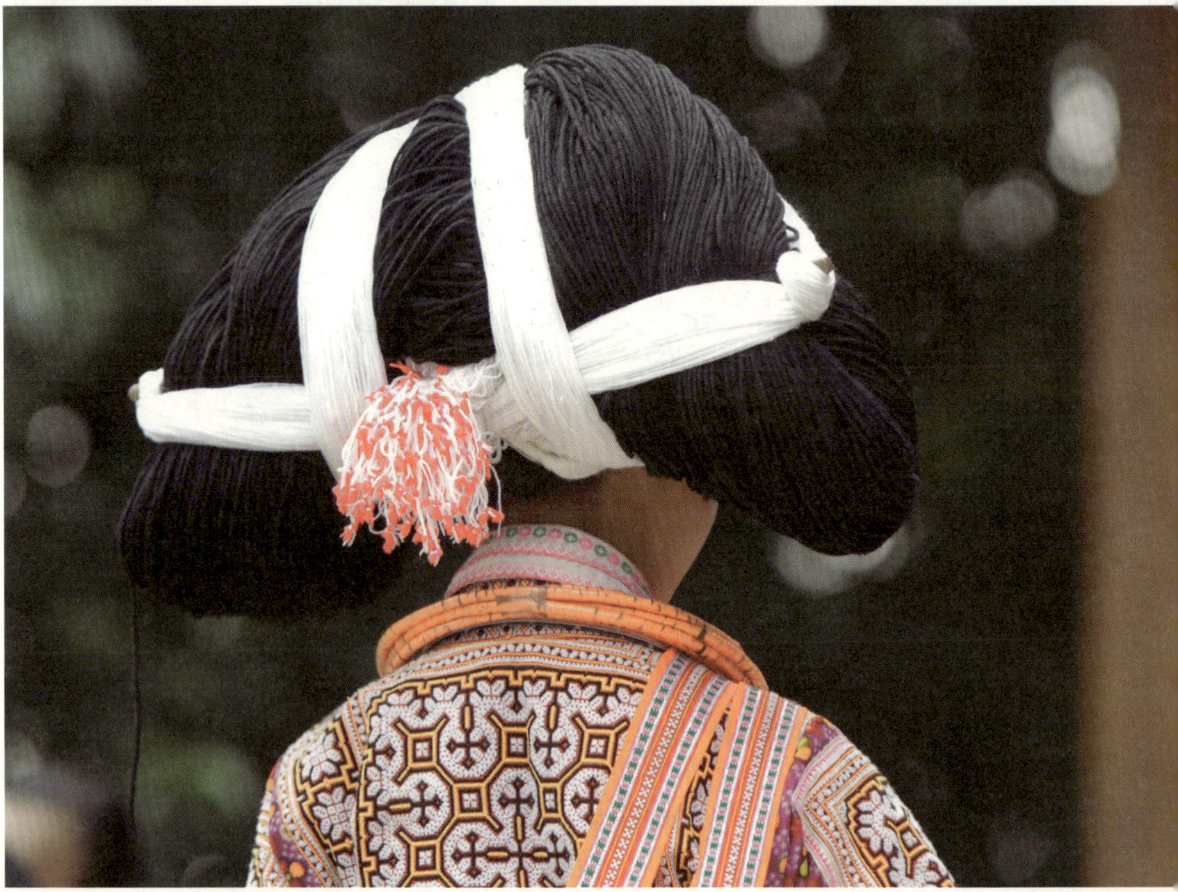

老馆长

一群来自广东的摄影家在上午十点钟左右到来，打破了梭戛生态博物馆应有的宁静。

他们的车队刚到达高兴新村，几乎所有陇戛新寨和老寨的男男女女都被动员起来到寨门迎接他们。一时间，鞭炮齐鸣，芦笙大作，人流如织，热闹非凡。

客人们先被带到生态博物馆资料信息中心参观，同时观看文艺表演；然后，大伙又被带到老水井处观看苗族妇女背水表演；接着进入村寨，观看更多的民俗表演。

想不到带队的居然是老馆长徐美陵先生。我上前去跟他打招呼，他开始没认出我来——毕竟我们有八年时间没见面了。但当我自报名字后，他立即显得十分兴奋。"你来多久了？你还要待多久？你在这里等我，我过几天还要上来，我们要好好聊聊，你的文章我都看了，很有见地……"他一打开话匣子，就似乎刹不住车。

先我到来的那群大学生更是会抓紧时机，一把逮住徐馆长就不再放

梭戛田野记

三访梭戛

手,把他拉到接待室里请他介绍梭戛苗族的生活习俗。徐馆长热情依旧,也十分耐烦,对学生的问题是有问必答。

"你们要多向他请教,他才是真正的专家!"徐馆长指着我对大学生们说。

梭戛田野记

三访梭戛

梭戛田野记

老朋友

一天，我来到梭戛乡场赶场，在路上遇到一个看上去十分面熟的妇女，我记起来她是上次带我去狗场赶场的两个姑娘之一，但我叫不出她的名字来。我就拿相机给她照相。她说："照什么照啊，你还没照够啊！"我说对不起，我不记得你的名字了，但我上次来梭戛的时候，是你带我去狗场的。

"是咯是咯，"她笑着说，"我叫朱一芬，还有一个叫熊金美。"

"哦。"我一再跟她道歉，说我记性不好，但人是认得的。

当天下午，我一个人到陇戛后山去拍照，居然就在路上遇见了熊金美。她当时正与她的丈夫送一个客人出门，送到公路边，她丈夫执意挽留那位客人继续住下来，那客人却说家里有事情一定要回去，彼此拉拉扯扯。看得出，他们都喝了不少酒。

熊金美看见了我，但没记起我来。我跟她打招呼，说起四年前一起去狗场的事情。她说："噢，是你啊，我说咋个你对我笑啊，我还以为是我长得漂亮呢。"

梭戛田野记

梭戛田野记

她丈夫见我们认识，是熟人，就提出要借我手机打电话。"可不可以？"他问。

我问他打哪里，他说打贵阳，问老板看有没有活路做。

我说可以，但不要说太久，我的手机是湖南号码，长途加漫游，话费很贵的。

他说他知道，就说几句话。

他告诉我号码，我帮他拨通了，然后把电话拿给他。

"喂，王老板吗？喂，你是王老板吧？唵？我是×××呀，梭戛的×××呀，嗳，对对对，我想请问一下你们最近有没有活路做啊？唵？没有？哦，那就………好好好，不是，不是，我没有手机，是一位游客的手机，对对对……"

电话挂断后，他一边抱怨贵阳老板没有活路给他做，一边对我表示感谢。"可能用去了你几块钱吧？"他说。"嗯，可能。"我说。

之后他继续劝他的朋友留下来。"回去！我们还不过瘾，还要再转去喝点。"他说。"你喝不了啦，你醉啦。"他的朋友说。但是，有意思的是，最终，他却跟着他朋友走了，去了小坝田。

走的时候，他回头用苗语跟熊金美交代了一些什么话，我听不懂。

"他讲哪样？"我问熊金美。

"他没讲哪样。你跟我去家坐吧？"熊金美说。

"你家远吗？"

"不远，就在下面。"

"那好吧。"

三访梭戛

我跟着熊金美，走下山来，穿过一片树林，来到了位于村口的她家。有一群妇女正在她家门口做针线活，她们边做边兴致勃勃地在议论一件刚刚发生的事情。一位妇女当着众人的面敞胸露怀给孩子喂奶，自然大方，毫无羞色。我给她拍照，她也没有反对。

熊金美拿来板凳给我坐，然后对我说："那些学生是你带来的吗？"我说不是的，他们是自己来的，我跟他们不是一个学校的。

"要是你的学生，你就叫他们来跟我买衣服。"她说。"他们今天跟人家买了一件裙子，送了300块钱。"

我这才知道她们原来是在议论这件事。

"买贵了吗？"我问。

"价钱倒合适。我家衣服多得很，你叫他们来跟我买嘛，我还可以便宜点给他们。"

我答应她，在适当的时候给学生们推荐她的衣服。她于是显得十分高兴，仿佛这买卖已经做成了一般。

梭戛田野记

三访梭戛

对　话

跟我在梭戛生态博物馆一道吃住了好几天的是来自全国各地的大学生。他们是利用暑假时间来这里做社会实践的，大致有两个团队，一队来自贵州师大，另一队来自北京交通大学。

他们有着各自不同的调查目标，而且围绕着这些目标每天早出晚归，走村串寨。开始的时候，他们对我的存在几乎视若未见，但在最后几天，他们慢慢意识到，我对梭戛要比他们熟悉得多，于是反过来不停地寻找机会向我提问题。我当然就自己所知的东西如实答复他们。

有一天晚上，他们中的一位同学过生日，大家特意为她精心准备了好几个节目，让那同学十分感动。他们临时也叫我给那同学表演一个节目，我推辞不下，就表演了一段木叶独奏——《苗岭的早晨》。在那月光如水的夜晚，木叶的旋律十分悠扬动听，他们根本想不到我还会吹奏这个玩意，从此对我更加刮目相看了。

一天晚上，他们的女领队跟一个男同学为一个不同的观点突然争执起来，那男同学似乎十分固执，听不进女领队的意见，于是来找我评理。

三访梭戛

我其实一直在旁边听着他们的争论,也知道他们争论的焦点其实是:男同学对当地村民不配合他们的社会调查感到十分恼火,而女领队则对此表示理解。我当然十分赞成女领队的态度和意见,但我也没有直接批评那男同学,而是给他们讲了一些人类学的基本常识,包括当代人类学的基本理论及其对待异文化的基本态度等等。

我最后对大伙说,如果我们不是对他者的文化抱有怎样的历史成见的话,那么,我们就应该虚心地向拥有这种文化的主人学习。我们为什么要千里迢迢跑来到这地方?难道不就是因为这地方的文化对我们有吸引力吗?所以,我们只要一踏上这块土地,实际上我们就已经在消费人家的文化了。因此我们本应该感谢人家才是,我们怎么可能不但不感谢,反而怨气冲天呢?如果我们对创造并保存了这些优秀文化和艺术的当地居民,连最起码的尊重和礼貌都没有,那么我们还谈得上是什么具有现代文明意识的当代大学生呢?在通往科学的学术研究的道路上,我认为最大的妨害不是来自研究对象的不配合,而是来自我们自己与生俱来的傲慢和偏见。我们不妨设身处地想一想,人家为什么要如我们想象的那样积极地配合我们的调查呢?我们到底能为人家做些什么?我们对村民承诺说我们的研究将会对他们有好处,但是,恕我直言,这种好处恐怕连我们自己也不能完全给予肯定吧!恕我直言,如果我们不是自欺欺人的话,那么我们这些所谓的科学研究的出发点,还是更多地来自自己的利益需要吧!退一万步说,就算我们的调查和研究对人家确实是有帮助和好处,但这样的好处是立竿见影的吗?如果不是,那么我们又有什么理由去苛求人家呢?再说了,须知在我们到来之前,已经有多少人在这里做过同样的事情,说过同样的话

三访梭戛

啊，但是，结果怎么样呢？想必大家都有目共睹吧。

我的一席话，不仅间接解答了同学们的困惑，平息了他们之间的争论，而且也给同学们传授了一点人类学的基础知识，拓宽了他们的学术视野。大伙都很高兴。

这天晚上，他们请我吃夜宵，我们又聊了很多。

梭戛田野记

三访梭戛

巧遇

一天,我和同学们在生态博物馆信息中心的院子谈论该不该购买村民们出售的旅游产品问题,正谈得起劲,各种观点交锋。突然,一个人走到我跟前,说:"是潘年英吧?"

我一看,来者是《当代贵州》杂志社的刘大泯先生。几天前我还在贵阳见过他,跟他在一起吃过饭。我们彼此都想不到会在这个地方相遇。

他说他是专门来给梭戛乡政府送一个证书的。几天前他们杂志社在贵阳举行了一个"贵州十佳旅游风景区"的评选,梭戛榜上有名。他和他们杂志社的另一位副总编辑张一凡女士专程给梭戛乡政府送来获奖证书,顺便上博物馆来看看,没想到见到了我。

他乡遇老友,大家自然又一番感慨。而我的感慨却是,当年吉斯特龙极力反对将生态博物馆旅游化开发,但现在的发展却恰好走向他所反对的那个方向,他本人也已在几年前的一次野外考察中病逝,但如果他还活着,而且还有机会重返梭戛,不知道他会有何感想。

153

三访梭戛

154

梭戛田野记

告别

我又要离开梭戛了,和已往的离别一样,走出博物馆信息中心的大院,我内心有无限的惆怅。

这天我照例起了个大早,跟博物馆的小张和同学们告别,随即背上行李,来到高兴新村等候从吹聋村开出来的乡村公共汽车。在来到梭戛那天,我就打听好了从梭戛返回六枝的汽车时刻表,而且就在昨天晚上,我又再次电话联系了从吹聋村开过来的这趟汽车的司机,他说,他们将在早晨七点钟准时到达陇戛。

但等了大半天也不见汽车过来,于是我赶紧再次打电话联系,结果,司机说,由于天气不好,汽车临时改线了,不从这边经过了。

我一时间有点茫然,但很快就镇定下来了。因为我知道,从梭戛返回六枝的汽车很多,非常方便,而从陇戛走到梭戛,路程也并不遥远,半小时即可到达。于是,我迈开大步,急匆匆往山下走去。

刚走到半坡,突然看见一辆摩托车从背后开来,我立即招了招手,摩托车就停下来了,问我去哪里,我说:"去梭戛,多少钱?"

梭戛田野记

三访梭戛

"5块。"那开车的年轻人说。

我知道他没有喊高,就是这个价。于是上车。

"你贵姓?"车开动后,我问他。

"姓莎。"

"什么?"

"姓莎。这个姓很少。"

"是很少,不过我听说过。你们陇戛原来有个小学老师也姓莎,你认识他吗?"

"他是我大伯。"

"什么?你是莎老师的侄子?"

"对。我正是他的侄子,你认识他?"

"我第一次来梭戛,就听说过他,后来一直想采访他,可惜总是没遇到。我知道他在这里搞教育,搞了几十年,很辛苦……他现在身体还好吗?"

"还好。你要去采访他吗?"

"这一次不去了,下次再来吧,下次来,我一定去拜访他。"

车子很快到达梭戛街上。我搭上了一辆前往六枝的中巴车。

在车子开动的瞬间,我再次情不自禁回头看了一眼身后的陇戛大坡,那些山峰,那些土地,还有那些脸孔,是如此令人难忘,令人不舍……

我在心里提醒自己,这一次也不过与往回一样,都只是暂时的离去,而一有闲暇,我就会立即寻机再赶回来;但我心里同时也很明白,不知道这一去,又将是多少年之后才能再回来。

梭戛田野记

四访梭戛

从水城返回贵阳的路上，我和女儿决定顺路去看一眼梭戛，这是我们之前就计划好了的行程。但我万万没想到，从都香高速岩脚出口下来，我们居然走在一条烂得不能再烂的泥巴路上，委实让我懊恼感叹，后悔不已。

之前我已经到梭戛访问过三次了，第一次是2000年，第二次是2004年，第三次是2008年，如今距离上次访问梭戛，时间又过去了将近十年。我第一次上梭戛，是走路上去的。第二次是坐朋友的车上去的。第三次，就是十年前，我又一次来到梭戛的时候，梭戛的面貌已经大变了，昔日的蛮荒小村已然修通了柏油公路，也通行各种农村公交车，交通是相当便捷了。而在这之后的十年间，我没有再重访梭戛，但我从各种媒体上获悉，梭戛的变化日新月异。尤其是2015的夏天，当我独自驱车走都香高速（又称六六高速，即六枝到六盘水的高速）进入水城，途中看到有去梭戛生态博物馆的出口的时候，我就暗自猜想，如今梭戛的交通，应该是非常现代化了吧？但我实在没想到，那路居然比十年前更烂了，甚至还不及我第二次来到梭戛时的境况了。一路上都是烂泥和水坑，车子犹如行走在战火纷飞的战场上。我反复对女儿说，应该是导航导错了路，这路不可能那么烂的。后来我们遇到了长时间的堵车，才听到其他司机说，这是六枝通往梭戛的唯一公路，再没有别的路可走，路烂一方面是由于拉煤车太多，另一方面也是因为建设的滞后。

梭戛田野记

堵车的时候，我曾几度打算掉头回家，但看看导航的预报，又觉得梭戛其实就近在咫尺，既然都快到了，又实在难得那么老远跑过来，就坚持耐心等待。终于在历尽千辛万苦之后，我们到达了梭戛乡场。

恰逢赶场，街上有不少苗族妇女。我是多次见识过了，所以并不觉得新奇，但孩子还是第一次看见，所以非常兴奋地用镜头追踪着她们的身影。但她也很快发现，这些影像其实很难捕捉，一是环境太乱；二是那些被拍摄的人，往往都会跟她要钱。孩子最后对我说，这地方太穷了。我说是的，因为这地方的生存环境太恶劣了，人们很难改变自己的命运。

从梭戛乡场到梭戛生态博物馆，还有一段路程，我们驱车前往。这段路倒是好走了，而且沿途尽是美丽的风景——明媚的阳光下，满山遍野是盛开的油菜花、李花和桃花，看上去像是一个仙家世界，与现实的贫困形成了极大的反差。

我本打算用无人机航拍，但考虑到风大，就打消了这个念头。

一位赶场归来的梭戛村民路过我们停车的地方，我主动招呼他上我的车，他愉快地坐了上来。然后我问，杨鑫还在博物馆吧？他说杨鑫不在博物馆在家。我又问，那熊怀燕呢？他说，熊怀燕也不在博物馆了，她跟杨鑫离婚了，嫁到织金去了。听到这消息，我很惊讶，因为杨鑫和熊怀燕都是我的好朋友，也是之前三次来到梭戛关照和帮助我的人。我第一次来到梭戛的时候，他们才刚刚订婚。第二次来，他们不仅结了婚，而且还有了孩子。第三次来时，熊怀燕作为梭戛生态博物馆的代表刚从国外考察归来，有传言说，她将接替前任馆长，担任新一任的生态博物馆馆长。

我把那位村民送到博物馆前的停车场，就跟他握手告别，然后带着孩

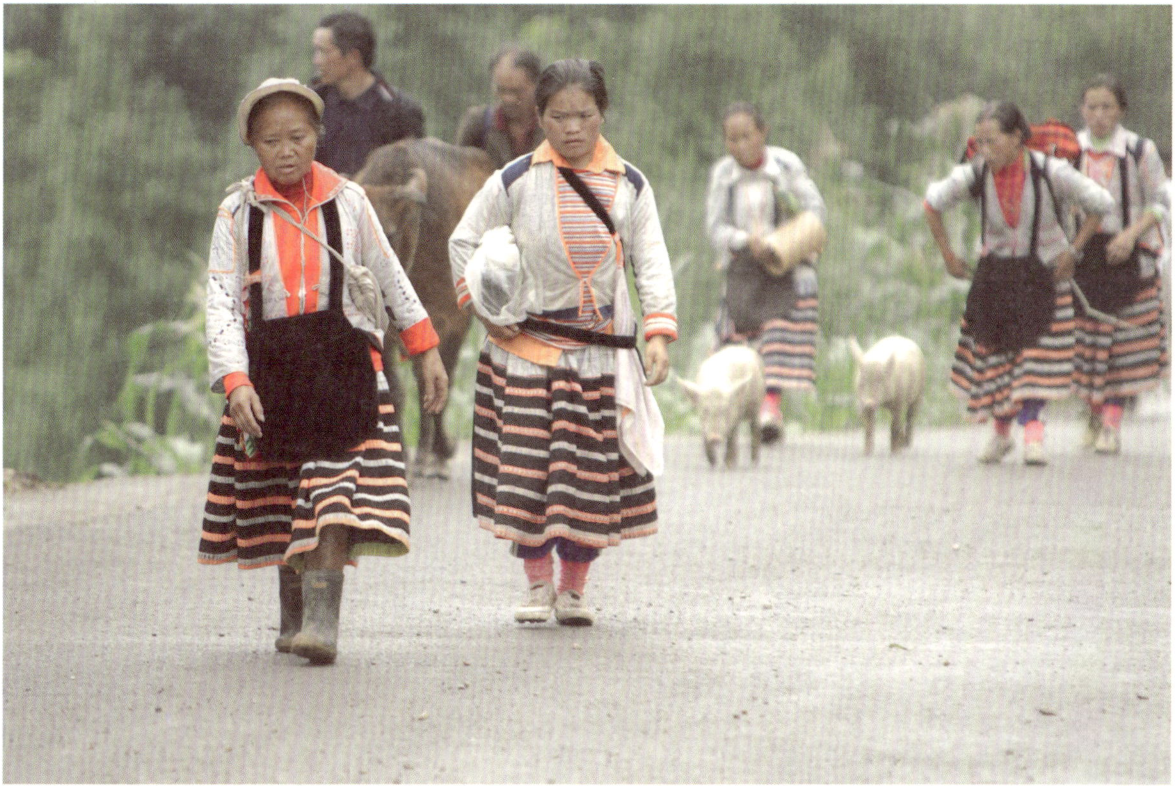

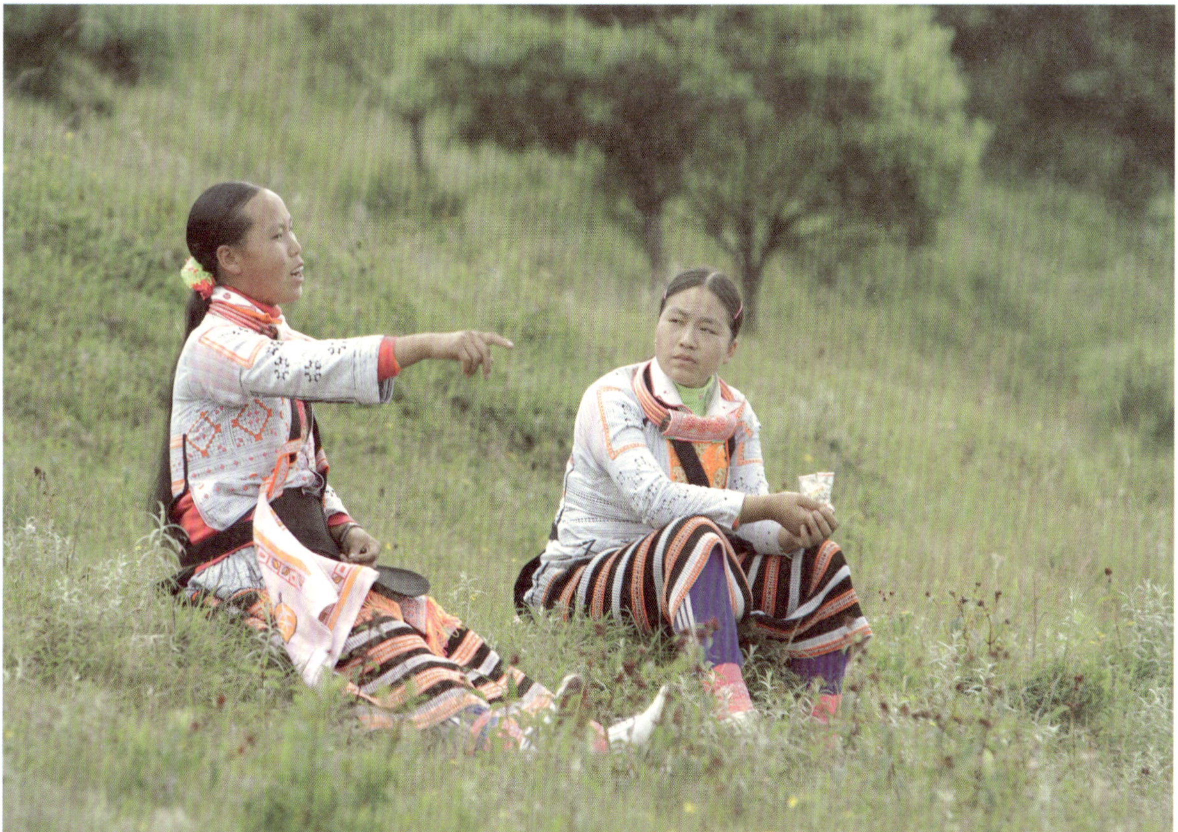

子去参观博物馆。博物馆倒没有什么变化，还是跟十几年前一样。唯一的变化是原先栽种在院子里的树木长大了，有些已经长成大树了。

而最大的变化是原先被作为原生态民居建筑保护起来的老寨，如今全部焕然一新，统统变成了水泥砖房。只有极个别的老房子，大概是被刻意保留下来的，也被粉刷和装饰过了，已经看不到原来的民居风格。

博物馆对面的神山上新修起了一排栈道，供游客行走和游览，这倒是一处新增的设施。我带着孩子去走了一圈，没有什么特别的感受。沿着栈道，我们走到了另外一处移民新村，一望而知，那是政府刻意为当地村民修建的新居。但整个村子空空荡荡，阒无人迹，只有明亮的阳光静静地照耀着大地，毫无生气的村子看上去像极了一座被废弃的城堡。

曾经给我带路去织金狗场的熊金美和朱一芬呢？她们现在何处？生活和身体各方面的情况可都还好？当然还有我的老朋友杨鑫，我想去他家看他一眼。但我和女儿走那栈道走得又困又乏，疲惫不堪，我只好打消了所有的欲念，直接驱车往回走了。

在车子到达岩脚镇快要上高速之前，我在路边洗车店把车子洗了。我的天，那洗车的师傅用高压水管从我的车子底下冲洗出来的泥巴差不多有几十斤。

四访梭戛

附录

移植的文本：从矛盾到变形到融合

——贵州生态博物馆群考察报告[①]

一、相关背景

1. 国际背景

1971年，法国博物馆学专家弗郎索瓦·于贝尔和乔治·亨利·里维埃两人创立了"生态博物馆"这一概念，并随之将这一概念付诸实践，在国际博物馆协会理事于格·戴瓦兰的支持下，创立了世界上第一座生态博物馆——克勒索-蒙特索煤矿生态博物馆。该博物馆位于巴黎以南400公里处，实际上是个工业小镇，全部面积约500平方公里，人口有四五万，整个社区被作为一个生态博物馆保存下来。

[①] 生态博物馆是一种新兴的博物馆模式，其宗旨是整体保护人类创造的有形和无形文化遗产。该模式最早起源于20世纪70年代初的法国，随后在欧美等国迅速传播，目前全世界有生态博物馆300多座。我国在20世纪90年代开始创建生态博物馆，1998年建成并对外开放的贵州六枝梭戛生态博物馆是我国建成的第一座生态博物馆，此后贵州又相继建成了镇山、隆里、堂安三座生态博物馆，形成生态博物馆群。生态博物馆与传统博物馆有何区别？其在保护传统文化艺术方面功效如何？又有何困难和矛盾？笔者带着这些问题走访了贵州四座业已建成或正在建设中的生态博物馆。本文为笔者2000年与2004年两次考察后所撰写的考察报告，其中部分内容已分别刊发于《文艺研究》2002年第1期和《湖南科技大学学报》（社会科学版）2006年第2期。

附 录

生态博物馆这一概念的延伸、扩大，同如下几个关键词紧密相关：当传统博物馆谈论藏品时，生态博物馆指的是遗产；当传统博物馆讲博物馆的建筑时，生态博物馆指的是一个社区所包括的区域；当传统博物馆讲到观众时，生态博物馆指的是社区里的居民；当传统博物馆谈论科学知识的时候，生态博物馆指的是一种文化记忆；当传统博物馆讲科学研究的时候，生态博物馆讲的是公众的知识。[1]

此后，生态博物馆这一概念在欧洲、拉丁美洲和北美洲等许多国家和地区漫延开来，形成新的博物馆建设运动。经过三十多年的发展，全世界至今已建有300多座生态博物馆，其中西欧和南欧约70座（集中于法国、西班牙和葡萄牙），北欧约50座（集中于挪威、瑞典和丹麦），拉丁美洲约90座（集中于巴西和墨西哥），北美洲约20座（集中于美国和加拿大）。

2. 国内背景[2]

1994年9月，国际博物馆学会委员会在北京举行年会，其间，中方学术委员会委员、中国博物馆学会常务理事、中国博物馆学会会刊主编苏东海研究员与国际博物馆学委员会理事、挪威《博物馆学》杂志主编约翰·吉斯特龙[3]先生进行了学术交流，特别是就生态博物馆和国际新博物馆学等运动进行了深入探讨。

1995年1月，贵州省文化厅文物处胡朝相副处长来北京与任贵州省文物保护顾问的苏东海先生探讨贵州省文博工作，并表示希望在贵州省开发

---

[1] 约翰·杰斯特龙：《生态博物馆的理论与实践》，见中国贵州六枝梭戛生态博物馆编：《中国贵州六枝梭戛生态博物馆资料汇编》，1999年。
[2] 参见中国贵州六枝梭戛生态博物馆编：《中国贵州六枝梭戛生态博物馆资料汇编》，1999年。
[3] 吉斯特龙，挪威博物馆学专家，贵州六枝梭戛生态博物馆创始人之一，2004年4月6日在俄罗斯西伯利亚考察时因心脏病复发猝然去世，年仅49岁。

新型的博物馆，苏先生当即表示支持并推荐了在国际上颇有名望的生态博物馆学家吉斯特龙先生，建议成立一个课题小组，对贵州省开发生态博物馆的可能性和可行性进行科学考察和论证。后经贵州省文化厅和有关部门批准，拟定在1995年5月组织"关于在贵州省建立生态博物馆可行性论证"这一科研课题。根据贵州省文化厅的要求，苏东海先生代表中国博物馆学会正式邀请吉斯特龙先生参与本课题的研究。挪威政府和NORAD（挪威文化交流项目执行机构）及专家均对本课题表示出浓厚的兴趣，挪威政府还将本课题列入《中挪1995—1997文化交流项目》，NORAD为挪威专家来华提供了国际旅费及必要的财政支持。

1995年3月，课题小组经有关方面协商正式成立。贵州省文化厅主管副厅长李嘉琪先生任课题组顾问，苏东海先生和吉斯特龙先生任课题负责

附　录

人，胡朝相先生和中国博物馆学会的安来顺先生分别任组织工作和学术考察协调人，安来顺兼任翻译。

1995年4月19日，课题小组考察了贵阳市花溪区镇山村，六盘水市六枝特区梭戛乡，黔东南苗族侗族自治州的榕江县、从江县、黎平县和锦屏县近十个布依、苗、侗和汉等民族村寨。课题组经过全面的论证和激烈的讨论，将国际生态博物馆的基本理论和贵州省的具体情况相结合，建议在梭戛乡及其所属的陇戛村建立中国第一座生态博物馆。

1997年10月23日，时任中国国家主席的江泽民同志和挪威国王哈拉尔五世、王后宋雅，在北京人民大会堂出席了《挪威开发合作署与中国博物馆学会关于中国贵州省梭戛生态博物馆的协议》签字仪式。1998年10月31日，中国首座生态博物馆——梭戛生态博物馆正式建成开馆。

1999年3月16日，中国博物馆学会与挪威合作开发署签订《关于贵州省文化遗产活动的意向书》，从而进入中挪文化合作项目的第二阶段——贵州生态博物馆群的建设和开发阶段。

"贵州生态博物馆群"建设和开发的内容包括：

（1）对梭戛生态博物馆及其所属社区实施进一步的开发；

（2）对下列三座生态博物馆进行规划和第一阶段的开发：①贵阳市花溪区镇山布依族生态博物馆；②锦屏县隆里古城生态博物馆；③黎平县肇兴镇堂安寨侗族生态博物馆。

二、考察的方法、内容和过程

1.时间与方法

2000年7月14日至20日，我对梭戛生态博物馆进行了为期一周的田野

梭嘎田野记

考察。此次考察的目标是：①了解梭嘎生态博物馆运作的缘起、过程及现状；②分析和探讨传统文化艺术的保护和发展问题。

2004年3月18日至4月3日，我再次造访梭嘎生态博物馆，并同时对镇山、隆里、堂安三个生态博物馆也进行了近20天的田野考察。此次考察的目标是：①考察梭嘎生态博物馆的运作情况；②考察新的博物馆群的建设情况。

我的田野考察的主要手段和方法是观察、访谈和记录。观察是参与式的，即尽量融入当地人的生活，让他们把我看作他们中的一员，把我和普通游客或外来造访者区别开来。我成功地做到了这一点，因为我不仅的确参与了他们的社会文化生活，而且取得了他们的绝对信任，以至后来出现了这样的现象，即我可以对他们的任何人、任何活动进行拍摄，而普通游客甚至当地干部也根本做不到这一点。访谈主要采用个人访谈的方式，两次考察，访谈的对象超过80人，具体的对象涉及各个阶层，包括政府官员、博物馆专业管理人员和工作人员、游客和参观者、当地居民及当地居民中的外出打工者等。我的记录手段主要采用摄影、录音和笔记三种方式。

2. "贵州生态博物馆群"所在社区概况[①]

（1）梭嘎生态博物馆

梭嘎生态博物馆于1998年10月31日开放。这是中国第一座生态博物馆。在梭嘎社区十二个村寨中，居住着996户4069人（截止到1997年年底），是现存苗族各支系中最小的一支。本社区地处高山之中，海拔高度为1400—2200米。陇嘎寨现有97户490人。约二百年前，为躲避清王朝与

[①] 资料由张勇（贵州生态博物馆群专业管理人员）提供。

附　录

叛军之间的战事，5户居民开始在此安家。

本社区保留着独特古朴的苗族文化，长牛角形状的头饰是其最明显的特征，挑花、刺绣、蜡染等传统工艺，以及语言、歌舞、音乐等文化艺术也独具特色。

由于地处高山，水源匮乏，当地土地较为贫瘠，农作物产量较低，以玉米、土豆为主。饲养家禽有猪、牛等。

村民住房以茅草盖顶，以木、石或土坯为墙。建筑所用木材在附近山林中可以获得，但造价较高。

梭戛生态博物馆的第一阶段是建设一个资料中心，第二阶段将解决供水问题，并对陇戛村寨进行整修和保护。首要任务是抢救那些独具特色的茅屋顶建筑，然后是那些典型性建筑群，其中4至5处建筑应当作为科学研究的重要资料得到从内到外的全面、科学保护。同样具有价值的还包括牛圈、仓房等附属性建筑。

（2）镇山布依族生态博物馆

贵阳花溪区镇山村有居民130户，其中大多数为布依族，共103户；其余为苗族25户，汉族1户。镇山村坐落于美丽的花溪湖畔，三面环水。本区域之前已被划定为自然风景保护区而得到保护。

镇山村的历史可以追溯到公元1600年左右，明王朝李仁宇将军受朝廷之命来此屯兵。李将军与当地布依族女子班氏结为夫妻，后生有二子，分别从李、班两个姓氏，成为镇山村居民先祖，至今已传至第十七代。

镇山布依村寨还保留着一些四百余年前李将军时期独特的历史遗址建筑，诸如环绕全村的古城墙、关公庙及武庙。武庙是为纪念李将军而建

梭戛田野记

的。镇山村有汉族和布依族两个民族文化融合的典型例证。

镇山村经济以农业为主，水稻为主要农作物，几乎家家户户养牛，生活水平较高。

当地人的口头语言是布依语。但由于镇山村距省会贵阳仅21公里，如今这里的少数民族文化正承受着强大的压力。

镇山村是最早被贵州省列入省级文物保护单位的村寨之一（1995年7月7日）。政府为保护村寨的传统建筑已采取诸多措施。正是由于镇山紧邻贵阳，文物部门认为它可以为其他社区处理现代化与传统文化的冲突提供一个榜样。而生态博物馆将是解决这种问题的有效工具，因而镇山也同样被列为生态博物馆加以保护。其生态博物馆资料信息中心的规划于1999年开始启动。

附　录

（3）隆里古城生态博物馆

隆里是位于锦屏县内的汉族古城。它基本上保留了自1385年在此建立"军屯"以来的结构布局。从1658年起，隆里开始使用现名。隆里被群山环抱，对外交通不便，所以与外界联系较少。由于在锦屏20万居民中有70%的人口分属于不同的少数民族，所以实际上隆里的汉族在当地也是"少数民族"。

隆里全乡共有人口约6000人，其中古城区域内有658户3580人。

隆里古城四周保留有古城墙，城墙的四角建有鼓楼，城内共有主要街道9条，称为"花街"。

每座传统的民居都有一个大门通向街道，三个不同人家由同一大门出入，每座建筑本身又同样自成防御体系。

作为明清古城的典型代表，隆里古城正在申报省级历史文化名镇。这里有一系列重要的历史遗迹，如古城墙、古墓、古桥等。保护好这些正在使用中的古代建筑，并使当地居民理解保护和保持古城风貌的重要性和重大价值，成为当前的迫切需要。这些任务都可能成为隆里古城生态博物馆的重要组成部分。

（4）堂安寨侗族生态博物馆

堂安寨位于黎平县境内，海拔934米，居住有152户侗族人家，人口718人（截止到1995年）。村寨中共有7种姓氏，至今人们仍能列举出前十代的祖先。根据口碑历史，寨中最早的姓氏为蓝氏，在清康熙年间（1662—1722）为躲避战乱而定居于此。

虽然堂安寨曾在1950、1960年遭遇两次大的火灾，但侗族村民仍按本

梭戛田野记

民族的传统建筑方式重建了自己的村寨。

侗寨的民居多为三层，底层用于饲养家畜，中间层为长者的起居和卧室，上层为夫妻及子女的卧室。

有限的生存空间限制了村寨的发展。在村寨中强化人们对本民族文化特性的认识可能会成为改善和提高其生活水平的一种方法。本地区已开展了一些工作，以促进和带动旅游业的发展。村寨每年的游客人数在500人次左右。建立一座侗族生态博物馆，将是保护和向外界宣传侗族独特文化的良好方式。

3. 考察过程

2004年3月18日一大早，我从贵阳乘火车到六枝，然后从六枝改乘中巴车前往梭戛苗族彝族回族乡，再由梭戛步行到陇戛苗寨（生态博物馆信息中心所在地）。一路上到处能看到油菜花开，风景美丽无比。我一路走一路拍照，抵达陇戛时，已是下午五点钟光景。陇戛平均海拔1800米，山高风大，气温很低，好在我已做好了充分准备。因为这已经是我第二次造访陇戛了。四年前的那个夏天，我第一次来到陇戛考察，当时刚好遇着下雨，气温低得只有11℃，我被冻得够呛，打电话到福建家中，家里人说，福建的气温高达39℃，简直热死人。有了第一次的经验，这一次我带上了足够的衣服。

如果说2000年我的初访是出于一种个人的学术兴趣的话，那么，2004年的重访则是为了完成一个集体的课题。我是受中国艺术研究院"西部人文资源的保护、开发和利用"课题组的委派而重访梭戛的，具体的考察目标就是"生态博物馆"这一概念在中国的运作过程及其效果。

附 录

到达梭戛生态博物馆后，我直接到博物馆的信息中心登记住宿。因为是重访，所以轻车熟路。所有景象都和四年前一样，并无大变。不同的是，当年接待我的徐美陵馆长业已退休，目前暂无新馆长，只有一个临时作为接待的彝族张姓妇女，她把我安排在四年前我住过的房间里。屋里的陈设也依旧和四年前一样，只是许多设施已毁坏失修，如卫生间的冲水系统、洗浴设施等，均已不能使用，这既使我感觉到一种时间的流逝和凝结，同时也使我产生了一点物是人非的小小感伤。通过这些小小细节，我已体会和感受到了梭戛生态博物馆运作的艰难。而与此相对照，我却又看到了陇戛的另一些巨大变化。比如我刚走进陇戛时，就在山脚下看到一个完全崭新的别墅群似的新村，我开始以为是什么旅游开发公司在这里修建的别墅或度假村，后来一打听，才得知是当地政府无偿为陇戛村民兴建的住房，据说每幢房子投入8万多元，住房总面积约120多平方米。而新村对面新建的"梭戛逸夫小学"也如大城市里的中心小学一样漂亮、气派。这些变化是我所料想不到的。

还有一个变化，就是村子里已经出现了"抢客"的女孩子。所谓"抢客"，就是当有客人来到陇戛的时候，很多女孩子就追过来争先恐后抢着要为客人提供服务，如穿盛装、戴长角或背水让客人拍照，为客人带路去看别的村子，或向客人出售本民族传统工艺品等。我到达陇戛的当天下午，就有一群女孩子一直围着我，问我需要什么样的服务，我说我什么也不需要。她们并没有死心，继续和我纠缠，因为她们明白，我既然远道而来，肯定需要这些服务，所以她们不达目的不会轻易放弃。第二天一大早，我就被她们吵醒，她们早早来到我的房间外，争相问我需要什么样的服务。我一再强调我是第二次来梭戛，我什么服务也不需要，但她们依然迟迟不肯散去。直到后来听说有大批游客要来，并要求她们做歌舞表演，她们才依依不舍地离去。

在接下来的考察中，我的运气可以说是相当好，一是我几乎遇上了各种类型的天气，晴天、阴天、雨天，还有大雾弥漫的天气；二是我刚好赶上了一次歌舞表演和一次"打嘎"活动。歌舞表演是应乡政府的要求而演出的，虽说节目很简单，表演也显得很粗糙，但我还是有机会观察到了梭戛苗族所谓"传统艺术"的"真实"再现，以及梭戛生态博物馆如何将传统艺术进行商业化运作的过程。就是说，这一次的表演虽然是应乡政府的要求而演出的，但演出队并不是义务演出，而是收费的，表演一场共10个节目，收费300元。表演队员是经过培训的，基本上固定不变。表演的

附　录

内容以舞蹈为主，兼有歌唱和乐器演奏。也许是缺少回应的缘故，演出者并不投入，而观众也并没有表现出浓厚的观看兴趣。观众是来自六盘水市公路部门的工作人员，他们是下来检查梭戛公路建设情况的，梭戛乡政府大约为了表达对上级部门大力支持当地公路建设的感激之情，特意安排了这样一场别具风味的民族歌舞表演，没想到，观者竟然兴趣索然。在表演队表演了两三个节目后，观众就有些不耐烦了，嚷嚷着希望表演队快点表演完好让他们吃中午饭。于是表演队走过场似的把节目胡乱表演一通，就匆匆收场了。在整个的表演过程中，我没有看到观众对当地的传统文化表现出应有的尊重，相反，我看到的是来自另一种文化身份的人们对本土民族古老艺术的无知和傲慢。但是，到了第二天，当我意外遇上村民的一次"打嘎"活动时，我才真正感受和体会到了传统的尊严和力量。"打嘎"就是送葬的意思。我注意到，在整个送葬过程中，他们尽量恢复和保持传统的文化秩序和符号，包括要求送葬者全部穿着本民族传统服装和按传统礼仪进行送葬等。

在后来的考察中，我走访了小坝田、高兴、小兴寨、安柱等四个博物馆社区内的寨子，并且到与六枝相邻的织金县狗场乡去赶了一个场，考察了市场交易中的情况及男女青年在坡上谈情说爱的过程。这就是说，以陇戛为中心的十二个寨子，我已走访了五个，接近一半了。应该说，我的这次考察不仅比较顺利，而且掌握的材料也相当完整，达到了我预期的目的。

3月24日我回到贵阳，立即投入另一个新开发的生态博物馆——花溪镇山布依族生态博物馆的考察。3月30日考察锦屏隆里汉族生态博物馆。3月31日考察黎平堂安侗族生态博物馆，从而完成了我对贵州生态博物馆群的全部考察工作。

三、梭戛个案

在贵州业已建成的四个生态博物馆中，梭戛生态博物馆既是最早创建的，也是最具有代表性的，它在创建过程中所面临的问题和矛盾很具有普遍意义。因此，在对这四个博物馆进行考察时，我把考察的重点放在了梭戛个案上。

1. 创建梭戛生态博物馆的目的和意义

在《挪威开发合作署与中国博物馆学会关于中国贵州省梭戛生态博物馆的协议》中，关于创建梭戛生态博物馆的目的是这样表述的："支持和促进在生态环境中对文化遗产的了解和意识，保护梭戛社区中苗族一个独

附 录

特分支的全部自然和文化财产"[①]。而《国家文物局关于中挪合作建设贵州梭戛生态博物馆的批复》则说:"我局认为,由你会和挪威开发合作署合作在贵州梭戛建设生态博物馆,对丰富我国博物馆品种,建立具有民族特色的博物馆很有意义。"[②]

由此可见,无论是来自哪方面的合作机构,其创建贵州梭戛生态博物馆的目标总体来讲只有一个,那就是"保护梭戛苗族丰富独特的传统文化遗产"。而这些遗产,表面上看起来是通过一系列为我们所罕见的文化符号(如长角头饰、蜡染刺绣服饰、三眼箫、口弦等)所呈现和展示的,但其实在这些符号的背后,还包含着更深沉更复杂的文化生态系统,包括自然环境、历史积淀、经济和社会结构、宗教信仰与生活等多种因素的相互作用与生成机制。

(1)自然环境

陇戛寨隐藏于高高的陇戛大坡之上,平均海拔1800米。村寨后面是一片原始森林(当地人说,原先这地方全被森林覆盖)。村寨对面建有石头营盘,那是当年民族战争留下的痕迹,也是村民最终得以幸存于此的历史见证。其余十一个苗族村民世居村寨的寨址也与陇戛相似,可见这一族群有着共同的历史命运。果然,经访问,陇戛寨的高龄老人说已在此定居了二百余年,此前他们是被汉族驱赶而避居此地的,传说最初来此定居的只有5户人家,现已传至第十代。

[①] 参见中国贵州六枝梭戛生态博物馆编:《中国贵州六枝梭戛生态博物馆资料汇编》,1999年,第51页。

[②] 参见中国贵州六枝梭戛生态博物馆编:《中国贵州六枝梭戛生态博物馆资料汇编》,1999年,第50页。

梭戛田野记

（2）经济生活

陇戛至今仍处于自然经济状态。由于地处石灰岩山区，水资源至为缺乏，居民仅能开垦旱地种粮（主要种植玉米和土豆），产量极低。食物严重匮乏，居民生活大多处于极贫状态。每年中有近三个月时间要到山下背水，饮水十分困难。居民饲养少量的猪、牛及旱鸭等家禽家畜，但仅作医用（巫医），没有用于市场交换。所穿衣服全部自制，布料有棉布、麻布、羊毛毡三种，均由家庭妇女手工完成。因此，陇戛寨基本上仍处于男耕女织的自然经济状态。梭戛生态博物馆内的另外十一个苗寨的经济生活与陇戛完全一致。

（3）文化艺术

① 风格独特的音乐、舞蹈。梭戛苗族在婚丧嫁娶及节日活动中要吹奏芦笙跳舞，其舞蹈形式多样，音乐曲调和风格亦各有不同，但大多显得低沉舒缓，单调苍凉。另有三眼箫和口弦是当地青年男女月下谈情说爱时吹奏的乐器，曲调较芦笙优雅。

② 丰富的人生礼仪。男方向女方求婚的仪式十分复杂，通常要进行一到三天。丧葬仪式至为隆重，一家有人去世，所有十二个寨子的居民均来送礼致哀。寨老在竹竿上刻画古老符号，以记载客人所送礼品礼金数量。

③ 古老的蜡染、挑花和刺绣艺术。蜡染以天然植物为染料，自制自染。女孩自幼开始学习蜡染、挑花和刺绣工艺技术，到成年基本上人人均能制作工艺价值极高的蜡染、挑花和刺绣艺术品。当然，在她们看来，这些技艺的掌握仅仅是人生过程中必不可少的环节，就如同人人都必须学会煮饭做菜一样，是必修的课程。

附　　录

④ 传统教育。在梭戛生态博物馆建立以前，陇戛寨的教育仍以传统教育为主，即女孩学习蜡染、刺绣等工艺技术，男孩学习吹芦笙和三眼箫。少数人在成年后跟寨老或巫师学习古老的刻竹记事文字。

⑤ 别具一格的房屋建筑。陇戛寨的房屋建筑均为草顶泥墙和木石结构，看上去十分原始，一般为三开间。左手那间为火塘间，置有火炉一座，炉火常年不熄，用于做饭、取暖和煮蜡。燃料为附近乡镇出产的劣质煤炭，煤气重，含氟量高。中间为堂屋。右手间为卧室。

⑥ 古老神秘的宗教信仰。当地人信奉多神教。陇戛寨信奉山神和树神，每年有祭山祭树活动。鬼师主持全部祭祀活动，亦给居民治病、算命、看风水，在寨中有很高的威望，是自然的精神领袖。

梭戛田野记

（4）社会结构

陇戛寨的居民没有明显的社会分层，只有三种不同的力量对村寨进行管理。这三种力量分别是寨主、寨老和鬼师。寨主负责管理寨中行政事务，寨老是道德权威，鬼师是精神领袖。这三种力量的代表均不是选举产生的，也不是由上级部门任命和委派的，而是在生活中自然形成的。

由此可见，梭戛生态博物馆社区的自然环境、社会结构、经济生活和文化艺术仍然保存在一种比较完整的生态系统之中，是一个不可多得的原生的文化整体。因此，这个文化整体已经成为文化遗产的一部分，具有很高的保护价值。在这一区域建立一个生态博物馆将其保护下来，自然具有非常重要的文化意义。

2. 保护的具体措施和手段[①]

（1）梭戛苗族资料信息中心建设及村寨的原状保护

梭戛社区生态博物馆将由以下有机结合的两部分组成：建设于陇戛村的苗族资料信息中心和原状保护的十二个村寨。

① 苗族资料信息中心

该中心建于梭戛乡陇戛村，其建筑包括下列内容：梭戛苗族档案室（20平方米），工作人员办公室（48平方米），简介性展览和视听室（90平方米），餐饮和商店（40平方米），盥洗和其他服务性空间（20平方米）。总建筑面积为218平方米。

资料中心的建筑材料符合防火要求，建筑外观与陇戛苗寨的建筑风格一致，且为今后的可能性扩建留出适当的空间。陇戛苗寨的工匠参与其策

[①] 《在贵州省梭戛乡建立中国第一座生态博物馆的可行性研究报告（中文本）》，见中国贵州六枝梭戛生态博物馆编：《中国贵州六枝梭戛生态博物馆资料汇编》，1999年。

附　录

划和建设工作。

② 原状保护的十二个村寨

村寨的加固和维修，一个重要的出发点是绝大部分村寨房屋应由其所有者继续使用，并且不改变其建筑功能。加固和维修必须遵循一定的原则。

目前博物馆所开展的工作是尽可能多地保存陇戛村寨的文化、历史见证物，即保存全村的建筑价值是非常重要的。村内许多建筑已年久失修，所以，在保存原有结构、使用原有技术进行维修的前提下，应注意建筑出现大的改动的可能性。

在陇戛100多处现存建筑中，大多数都已得到原状保护，并做出了科学的记录。博物馆已对这些建筑做出必要的说明和讲解。

村寨内的工匠具有高超的技艺并熟悉他们的传统技术，他们每年中有半年从事维修工作。在项目实施的开始阶段，博物馆对这些工匠进行了必要的培训，帮助他们了解文物保护的基本原则。博物馆为其提供了所需的具体的传统建筑材料。

在加固和维修工作中，博物馆还重视保存那些次要建筑，如牛棚、储藏室等。这些建筑构成了梭戛苗族文化整体的一部分。

同时，博物馆还对十二个村寨进行了多次较为全面的文化普查，从而为梭戛苗族文化遗产保护提供了足够的信息。

梭戛田野记

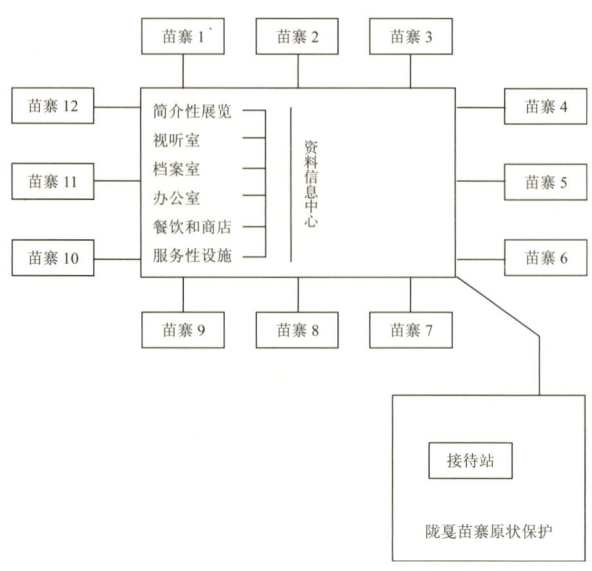

梭戛生态博物馆基本结构图

（2）组织结构

梭戛生态博物馆的组织结构遵循着生态博物馆的一般原则，即强化苗族的文化特性，尊重苗族的自治传统，并加以必要的法律、方针政策的指导。

以下分为两个阶段来探讨梭戛生态博物馆的组织结构。

一是建设阶段，包括三个组织。

①建馆领导小组。主要负责法律和方针政策方面的领导，主持建设资金的筹措，并对设施建设的质量实施监督和检查。领导小组由省、市和区级文化文物主管部门的代表组成。

②科学咨询小组。主要负责博物馆学科方面的学术咨询和指导，协助在国内外的宣传和推广，推动出版活动，对建设项目的学术质量做出评估。其科学咨询小组由中国博物馆学会和挪威的专家组成。

梭戛田野记

③策划建设小组。主要负责资料信息中心建设的具体策划和实施，主持梭戛村寨的加固和维修，组织对苗族资料的科学调查、整理和研究工作。策划建设小组由市和区级文化文物主管部门的代表、十二个苗寨的公认代表和具有相应资格的建筑技术人员、管理人员和财会人员组成。

二是开放阶段。

随着项目建设的结束，生态博物馆的组织结构中心和管理权力逐步向梭戛社区转移。其最初的设想是逐步移交给当地居民，但在实际操作中事实上移交给了当地政府。博物馆曾经还设想在此阶段建立一个管理委员会并保留经调整的科学咨询小组，但在实践过程中没有得到真正落实。其最初设计的组织结构是：

① 管理委员会。负责资料信息中心建设的日常运作和管理，协助陇戛村寨的原状保护和寨内有关演示活动的管理。管理委员会由区级文化文物主管部门的代表、十二个苗寨的公认代表和具有相应资格的管理人员和财会人员组成。在管理委员会中，当地苗族代表应占多数。

② 科学咨询小组。主要负责博物馆学科方面的学术咨询和指导，协助在国内外的宣传和推广，推动出版活动。小组成员由中国博物馆学会、贵州省和挪威的专家组成。在开放一段时间后，科学咨询工作主要由贵州省专家承担。

（3）财政安排

① 开支项目：

苗族资料信息中心的建设（包括信息中心的建筑、视听设备的购置、简介性展览的设计和制作、档案室的建设、办公设备的购置和工作人员的

附　录

工资等），陇戛村寨的原状保护（包括建筑的外部加固和内部改善、寨内演示活动及其报酬），对苗族资料收集、整理、研究和出版，本生态博物馆宣传推广计划的开发。

②资金的来源与筹措：

省、市、区文化部门的专项拨款；通过科学顾问和行政渠道寻求国家文物主管部门的拨款；敦促中国博物馆学会与挪威政府开发两国间新的专项合作项目，以寻求来自国外的可能性赞助；服务性设施的可能性补偿。

3. 保护的过程及其效果评估

（1）保护和建设过程

1995年3月，贵州生态博物馆群建设课题组成立。同年4月21至22日，课题组考察陇戛寨，标志着梭戛生态博物馆的建设工作正式开始。

同年6月8日，贵州省文化厅向贵州省政府呈交了《关于在我省六枝梭戛乡建立中国第一座生态博物馆的请示》。6月21日，贵州省人民政府下达了黔府函（1995）106号文件：《省人民政府关于同意在六枝特区梭戛苗族彝族回族乡陇戛村建立生态博物馆的批复》。

1997年6月10日，中国贵州六枝生态博物馆资料中心正式开工。同年10月23日，中华人民共和国主席江泽民同志和挪威王国国王哈拉尔五世、王后宋雅出席中挪合作项目签字仪式。国家文物局负责人和挪威外交大臣在《挪威开发合作署与中国博物馆学会关于中国贵州省梭戛生态博物馆的协议》上签字。

1998年10月31日，梭戛生态博物馆苗族资料信息中心正式建成并对外开放。

梭戛田野记

（2）效果评估

①生态博物馆：从西方到东方

建成后的梭戛生态博物馆分为两个部分：一是资料信息中心，二是梭戛苗族社区。资料信息中心建于陇戛寨脚，建筑均采用石木结构，即外墙砌石，房屋主体为木质，上盖茅草，与当地苗族群众居住环境相协助和统一。"中心"兼有作为信息库（记录和储存本社区特定的文化信息）、参观中心（用展览形式向观众介绍社区特定文化的基本情况）、博物馆工作人员的工作场所（为专职工作人员或志愿工作者提供必要的工作设施），以及作为社会服务场所（向观众提供餐饮、会议室等社会服务）等多项功能。我在梭戛做田野考察期间，便是在资料信息中心食宿的，它的确给观众和游客带来了方便。生态博物馆的另一个部分是梭戛苗族社区，即分布的十二个自然村寨。

应该说，整个梭戛生态博物馆基本上是按照挪威生态博物馆学专家吉斯特龙的理想塑造和建设的。吉斯特龙认为，一切自然和文化遗产都应被看作生态博物馆的一部分，任何实物都可能成为本社区人民历史的记录。保留他们的文化个性，并使之一代代延续下去，这是建立生态博物馆的根本目的。吉斯特龙同时认为，生态博物馆还具有文化传播的功能，即通过资料信息中心，生态博物馆对社区文化遗产做出必要的解释和说明，从而将保护与传播有机结合起来，向世界提供另一种不同类型的文化。吉斯特龙说："生态博物馆的基础，就是人民不应从他们所处的环境中分离出来，他们应有足够的权利在自己本民族文化遗产的基础之上创造自己的未

来。"①他希望能在世界范围内建立一大批生态博物馆,以唤起各个民族,尤其是少数民族对自己传统文化的保护意识和文化自豪感。

②保护与开发:难以回避的矛盾

吉斯特龙的理想如果在梭戛生态博物馆中得以实现,那么梭戛生态博物馆无疑将成为文化保护的一个成功的"样板"和"文本"。可惜事实并不完全如其所愿,保护与开发在梭戛同样面临无可回避的矛盾。

按照吉斯特龙的想法,梭戛苗族社区内的一切文化应尽量按原生态方式保存,就是说,保存传统是生态博物馆追求的根本目标。为了达到这一目标,吉斯特龙甚至反对在社区进行文化教育,因为他担心现代知识会影响传统文化,他认为梭戛苗族的文化自成体系,已经十分完善。由此可见吉斯特龙把"保存和保护传统文化"看作生态博物馆的第一要义。但对于博物馆社区内的居民来说,或者对于当地的政府来说,他们感到迫切的问题则是发展。什么是发展?发展就是促进经济增长,提高社区居民的生活水平。按地方政府的理解,光靠保护是不能促进经济增长的,在保护的前提下,还必须同时讲开发。因而在地方政府方面,文化保护不是目的,而仅仅是手段。在他们看来,筹建生态博物馆本身就是一个开发项目。通过这个项目,能实现经济增长和社会发展。长期以来国内广泛流传的所谓"文化搭台,经济唱戏"正是这一现象的集中表达和概括。因此,对于筹建梭戛生态博物馆,中国政府和挪威政府在目标追求上,其实并不完全一致。即使博物馆的形式后来基本按照吉斯特龙的要求建设,但实际的操作却更多地结合了国情,因而有悖合作初衷。

---

① 约翰·杰斯特龙:《生态博物馆的理论和实践》,见中国贵州六枝生态博物馆编:《中国贵州六枝梭戛生态博物馆资料汇编》,1999年,第70—71页。

附　　录

　　吉斯特龙曾反复强调，生态博物馆绝不等同于一般的旅游景点，虽然他也并不反对在社区内发展旅游业，但他认为，生态博物馆开展旅游的目的是向人们传播社区文化，而不是创收。因此，他要求生态博物馆社区内的居民不能向游客兜售旅游产品，而资料信息中心也不能像一般博物馆那样收取游客和观众的门票费。关于这一点，梭嘎生态博物馆的徐美陵馆长给我介绍说，他们早些时候的确是按吉斯特龙的要求去做的，但真正落实起来却存在很大的困难。首先，社区居民的脱贫欲望太强烈，无法控制，也不忍心去控制；其次，博物馆如果不适当收一点费，根本无法维持下去。看来吉斯特龙当初在筹建梭嘎博物馆时，的确太过分依赖于"欧洲经验"了，而忽视了发展中国家的特殊国情。

　　当然，吉斯特龙也并不是完全没有考虑到保护与发展的矛盾。在贵州尤其是在梭嘎考察期间，他也充分认识到了在当地发展经济的紧迫性。因此，在与中方有关人员进行讨论后，他做了适当的妥协和让步。他最后把文化的保护和保存寄托于这样的可能现实，即通过增强当地居民的文化自豪感和自信心，来达到保存和保护的目的。只有在这一点上，他与中方人员的意见达到了完全的统一。为此，中方人员积极配合，制定出了相关的工作条例和保护措施。在陇嘎寨路口，我们看到了两块带有公告性质的牌子，一块是《中国贵州六枝梭嘎生态博物馆简介》木牌，用中英文书写，内容如下：

　　梭嘎生态博物馆系中挪文化合作项目，是中国第一座生态博物馆，于1998年10月31日建成并对外开放。

梭戛田野记

梭戛生态博物馆包括两个部分，一是资料信息中心，一是以木角为头饰的箐苗居住的十二个村寨，均为生态博物馆的面积和保护范围。

信息中心收（搜）集、整理并保存"箐苗的记忆"，为科学研究服务，同时也是箐苗的活动场所。

十二个村寨原始地保护（存）古朴的苗族文化，含管理制度、生产生活、传统工艺、音乐舞蹈、婚丧娶嫁、节日庆典等，将给观光者以生动的展现。

梭戛生态博物馆整体保护箐苗社区的文化遗产和自然遗产。

另一块为石碑，是《陇戛村规民约》，内容如下：

热爱箐苗文化　树立主人意识
注重民族礼仪　喜迎八方来宾
爱护本寨环境　严禁乱建乱伐
注意防火防盗　清洁住房卫生
规范商品行为　杜绝拦路兜售
保护民族文物　爱护公共财产
自尊自爱自信　弘扬民族精神

显而易见，两块牌碑均渗透了吉斯特龙的思想，同时也结合了中国特色。由此我们不难看到他们为文化保护而付出的巨大努力和良苦用心。但是，并不是所有的努力和付出都能获得期望的回报，在理想与现实之间，往往存在难以填平的鸿沟。

③基于"国情不同"下的"文本"变异

资料信息中心尽管是按吉斯特龙的要求设计、建造的，而且在形式上也尽量依照当地的建筑以求得与整个环境的协调统一，但人们依然强烈地感觉到了其明显的现代性。无论是精美的外在造型，还是屋内豪华的装潢和陈设，都给人以强烈的"文化移入"的感觉，因而也无法与对面的陇戛苗寨达成真正的协调统一。

面对这种"文化移入"，村民的心态是极其复杂的。一方面，他们与生俱来地对所有的外来文化心怀恐惧，难以认同；另一方面，他们又期盼通过"文化移入"来改变极端贫困的生活状况。因此，从一开始，村民对所谓生态博物馆建设是充满疑虑的，不过，他们很快发现，生态博物馆的确对他们有好处。首先，随着博物馆资料信息中心的破土动工，当时许多村民被征为民工，获得了可贵的打工创收机会；接着，在博物馆正式建成之后，中外游客纷纷涌入，梭戛苗族尤其是陇戛寨的村民直接受惠；再者，生态博物馆的建立，一下子打破了梭戛苗族社区数百年来的封闭状态，使这支苗族得以一夜之间置身于世界民族的前台。我曾专门问过当地苗族群众对建立生态博物馆的看法，他们说，搞起来还是好，搞起来后，生活比以前好一点了，妇女也会讲汉语了（在此之前，绝大多数妇女不会说汉语，至今也仍有许多妇女不会说汉语，即便会说的，说得也很不流利，只能做最简单的交流），娃娃也开始读书了（1990年以前，梭戛苗族社区基本上没有正规的学校教育；1990年以后虽然在高兴、小坝田、

梭戛田野记

陇戛、安柱、新寨、化董等村相继设立小学校,但上学的人仍然很少,尤其是女孩,几乎都不上学;1996年9月第一所希望小学在陇戛寨建成,专设女童班,有学生40人,这是梭戛苗族现代教育的一个里程碑)。当然也有些村民对博物馆的建成不以为然,甚至颇有怨言。有一天一位妇女对我说,以前没搞博物馆时,大家都是一样的(指生活平等),搞博物馆后,去搞表演的人得钱,不去搞表演的不得钱,好哪样好嘛,只好几个人。在这里,我们看到,这位妇女所指出的其实远不只是一个如何实现"人人平等,共同富裕"的问题,而隐含着相当深刻的价值转型和突变。在传统的社会里,凡社区内的村民,无论贫富,无论贵贱,人人均享有参与社会公共活动的权利和机会;而在当代社会里,人们奉行的却是市场原则,讲市场,就必然讲竞争,讲选择,讲淘汰,也必须导致新的阶级分化和社会分

附　录

层。透过这位苗妇的怨言，我们其实不难感到梭戛苗族的传统价值体系正在走向崩溃的讯息。

而所有这一切，难道不正是吉斯特龙所担心的吗？无论是村民认为好的方面，还是坏的方面，都揭示着梭戛苗族社会由传统向现代迅速转型的实质。有意思的是，恰恰是因为生态博物馆的建立，梭戛苗族社会转型的速度才进一步加快，这似乎有悖科学家们的初衷。但也许人间的事情多半都是这样的吧，即人们在创造一种正价值的同时，往往也创造了负价值。譬如吉斯特龙在陇戛留下几部录音机，要求人们用来记录"梭戛的记忆"（口述史）[1]，但事实上人们很少用它来记录历史和传统的歌谣，而是用来播放现代流行歌曲。又譬如旅游的开发给梭戛人带来了经济的增收，但也刺激了当地居民"到外面去"的愿望，直接导致了传统文化的迅速中断。在梭戛的一个礼拜里，我听不到村民对传统歌谣的自发歌唱，也看不到人们传说的那种诗情画意的"晒月亮"，一打听，回说是青年人大多数到外面打工去了，没人唱了。这一现象在西部民族地区是十分普遍的，有些村寨由于年轻人的大量外出，致使婚丧嫁娶等社会活动难以正常进行。而年轻人回到村寨时，往往也带回了一整套城市的价值和审美观念，从皱巴巴的西装牛仔到染黄的头发，从"四大天王"歌带到种种中外美人画，这些通俗文化如滚滚洪水，很快取代传统的艺术和文化生活。那天在杨洪祥家，我看到他家堂屋的墙上贴了好几张港台歌星的照片，我问他儿子杨鑫在哪里买的这些画，杨鑫说是在外面买的，"喜欢听他（指刘德华）的歌吗？""喜欢。"杨洪祥是陇戛寨的寨主，也是一个艺人，20世纪50年代

---

[1] 胡朝相：《梭戛考察记》，载《贵州文物工作》1999年第3期。

梭戛田野记

初期曾作为苗族代表赴京演出,受到中央领导的接见。他不仅能歌善舞,而且吹得一口好口弦,而口弦这种乐器,目前在整个梭戛苗族社区,也只有他一人还能演奏。他儿子杨鑫会吹芦笙,也会唱传统民歌,但不会吹口弦,我问他为什么不跟父亲学习吹口弦,他说没时间。我又问他平时都忙些什么,他笑笑,没有回答。

在这里,我直接目睹和见证了传统的骤然中断,中断的原因不是别的,而正是源于社区环境的改变,以及一代青年人随之改变的价值观念。吉斯特龙显然也注意到了这一点,有一次在陇戛开座谈会,他问寨上的几位寨老、寨主和鬼师,你们知道你们有很多珍宝吗?大伙反问,我们有什么珍宝啊?吉斯特龙说,你们那个纺车就是珍宝。大伙就笑了,说那算什么珍宝,各家都有。[①]看来,吉斯特龙要想让梭戛苗族居民认识到他们传统文化的价值,需要做的工作还太多、太多。

④ 从矛盾走向畸变

在第二次到梭戛之前,我曾设想梭戛生态博物馆已经走出磨合期而进入了良性运行阶段,因而我甚至打算把我的两次田野考察报告题名为《从矛盾走向融合》。然而,事情与我想象的大为不同。四年前我去梭戛时,受到对当地社会文化了如指掌同时也对生态博物馆有较多研究的徐美陵馆长的热情接待,此时的生态博物馆虽然刚刚建成,但各项工作开展得很正常,管理也井井有条,人们不仅可以在资料信息中心了解梭戛苗族文化的历史形成,而且也可以在整个社区中亲自体会、观察和感受传统文化艺术的魅力。那时候,我虽然也发现了其间存在的矛盾,但我感受更多的是一

---

① 苏东海:《在中挪博物馆学者报告会上的报告》,见《博物馆的沉思——苏东海论文选》,文物出版社1998年版。

附 录

种热情和希望。

　　四年后我在梭戛的感受却完全相反,徐美陵馆长退休了,继任的馆长因各种原因长期不来上班,资料信息中心的房间门大都紧锁着,既看不到博物馆的工作人员,也没见到本土的管理人员,只有一个张姓彝族妇女在负责看守和接待,她虽然美丽而热情,但她既不是博物馆的工作人员,也不熟悉梭戛苗族文化。后来我才了解到,这位彝族妇女也只是在很无奈的情况下承包了博物馆的接待工作——负责安排来客的住宿和伙食。但是,和2000年相比,博物馆资料信息中心的各项工作应该说已基本停止了:既没有了专业人员的介绍,同时中心的各项硬件设施也遭到了严重的破坏——房子漏了没人维修,住宿区的厕所坏了无人管。博物馆的信息中心部分处处显示出衰败景象。

梭戛田野记

那么作为博物馆实体部分的村寨又如何呢？那倒是有了翻天覆地的变化，不过这种变化却是令人不安的。首先，当地政府无偿为陇戛（博物馆所在地）村民修建了一个新村，新村的房屋是按别墅标准修建的，每幢房屋的成本价格是8万元，均为二层的小洋房。楼房整齐、美观、漂亮，初看时，我以为是某公司在此修建的度假村，后来才知道是陇戛苗族新村。其次，当地政府还免费提供新的产业扶持，即免费为每家每户供应鸡100只，牛1头，山羊若干只。因而当走进陇戛新村时，除了妇女的服饰依旧，我再也看不到任何传统文化的痕迹，相反，我看到的似乎是一个现代的养鸡场。

我的身影刚一出现在村口，一群正在劳动的中青年妇女就立即放下手中的活路上来问我要不要给她们照穿传统服饰的相片，我明白她们的意思，连连说不要不要。她们依旧紧追不舍，最后在第三天终于有四个妇女说服了我，为我做向导，并为我表演了背水的生活场景。

我的感觉是，陇戛村已彻底旅游化了，甚至比别处的民俗村更加旅游化，而当初生态博物馆强调要保护的传统文化艺术事实上并没能有效地保护下来：在这儿，你再也听不到古歌和情歌的自然演唱，再也看不到自发的歌舞欢爱，你也看不到原生艺术的展示和民族的自尊，虽然还能看见有中年和老年妇女把木角戴在头上，蜡染的衣服也还没有被那些所谓"扶贫济困"的现代服饰完全取代。但是，和四年前相比，我不得不说，真正原生的文化符号已所见不多了，穿着本民族服装的女孩子也已经大大减少了，尤其是年轻的一代，如果不是为了表演和争抢游客，她们的衣着几乎和别处的汉族村民的没什么两样。生态博物馆，在这里实际上已经严重变

附　录

形，那就是说，梭嘎生态博物馆的发展在今天已经严重偏离了当初吉斯特龙所设计的方向，而演变成了一种在今日中国最为常见的、普遍存在的民俗旅游村。

⑤"文本"变异的原因分析

导致梭嘎生态博物馆走样和变形的原因很多，除了我前面提到的两点，我们还可以归结为这样一些原因：

第一，地方政府的单一管理。按照生态博物馆的创始人法国博物馆学专家乔治·亨利·里维埃对生态博物馆的定义："生态博物馆是由公共权力机构和当地人民共同设想，共同修建，共同经营管理的一种工具。"而"公共权力机构"指的是什么呢？里维埃进一步解释说："公共机构的参与是通过有关专家、设施及由机构所提供的资源来实现的。"这就是说，

梭戛田野记

生态博物馆的经营和管理起码应由三部分人员组成,即公共权力机构、博物馆学专家、当地居民。当初挪威博物馆学专家吉斯特龙正是按这一原则设计和创建梭戛生态博物馆的,应该说,我第一次到梭戛考察时,看到的情形正体现了这一基本原则。当时梭戛生态博物馆的管理人员包括三个方面:政府——代表公共权力机构,具体单位是六枝文化局;博物馆学专家——以徐美陵为代表,他本人是汉族,但长期研究苗族文化,是地道的"苗族通";当地居民——以陇戛村的杨洪祥和杨鑫父子为代表,当时徐美陵馆长曾建议由杨鑫出任副馆长。但是,这样的一个管理结构并没有维持太久,在徐美陵馆长退休之后,当地居民的代表实际上也自然退出了梭戛生态博物馆的管理。梭戛生态博物馆现在的实际管理者只剩下了代表公共权力机构的政府一方,具体来说,就是六枝地区文化馆和梭戛乡政府。

由多方管理转入单一管理的原因,客观来看,当中的确有些实际的困难。比如有志于博物馆学的专家缺乏等等。但是,在我看来,根本的原因还是地方政府的惯性思维使然。长期以来,我们的地方政府习惯于承担一切,包揽一切,而对民间的力量向来缺乏信赖。当初,吉斯特龙十分强调本土居民参与管理的重要性,他甚至设想让当地人成为梭戛生态博物馆的主要管理者。但后来经不住中国专家的反复说服,他终于同意由地方政府参与管理并担当主要管理角色。[1]但他希望这只是一种过渡,而最终的管理者仍是当地居民。为此,在他主持的2000年贵州生态博物馆国际研讨班(以出国考察为主)的人员中,他特别邀请了贵州四个生态博物馆的当地居民代表参与学习。遗憾的是,这四个代表回国后最终却没有进入各自生

---

[1] 苏东海:《在贵州建立生态博物馆的考察报告》,见中国贵州六枝生态博物馆编:《中国贵州六枝梭戛生态博物馆资料汇编》,1999年。

附　录

态博物馆的管理层。梭戛生态博物馆的代表是熊怀燕。我到梭戛访问时，她说她并没有参与梭戛生态博物馆的管理，她只是表演队的成员之一，担当着在旅游团到来时参加文艺演出的角色。我问她从挪威回来以后有什么收获，她说收获还是有不少，一是得到几千块钱的补贴，二是政府免费送了一幢新修的楼房，三是安排她到梭戛小学代课。我问她想不想当博物馆的馆长，她笑笑说，当不了，那是个蛮大的官。我问是什么官，她说不知道，听别人讲，好像是个正科级吧。

政府完全接手梭戛生态博物馆的管理工作后，不仅极大地挫伤了当地居民参与文化建设的积极性[①]，而且带来了官场存在的一些推诿扯皮、效率低下、责任不明等工作习气和作风。更要命的是，在吉斯特龙去世后，当地政府已不再把梭戛生态博物馆当作一个国际合作的文化建设项目来看待，而是当作了一种经济建设项目，他们的目标也由当初的"文化保护"转向了"脱贫致富"。[②]

第二，环境的影响。自20世纪80年代以来，中国为了实现现代化，不惜动用各种社会力量来开发本土资源，就在东部人利用近海优势大力发展乡镇企业等新兴产业取得空前成功的同时，西部人也看到了发展旅游业的广阔前景。于是，从80年代后期起，中国西部涌现了各种各样千奇百怪的民俗旅游村。梭戛生态博物馆虽然从学术上讲是一种博物馆的新形式，是传统文化艺术保护的一种有效手段，但在当地居民（包括地方政府官员）

[①] 笔者第一次到梭戛时，陇戛村民对梭戛生态博物馆寄予很多热情和希望；第二次再到梭戛时，当地居民已普遍对梭戛博物馆失去兴趣，相当多的群众把梭戛生态博物馆看作梭戛乡政府的下属机构。

[②] 参见新华网贵州频道（www.gznw.gov.cn）：《六盘水举力发展生态博物馆经济》及《梭戛生态博物馆2003年工作总结》。

看来，这样的一种形式和手段与周围的"民俗村"或"民族村"并没有本质的区别，不管名称叫什么，目标却是一致的，就是发展经济，脱贫致富奔小康。

当初吉斯特龙是强烈反对梭戛当地居民向游客兜售旅游产品的，但他无法回答地方政府官员对他的质问：不搞旅游的开发，又如何实现脱贫？不脱贫，当地人保护自己传统文化的自尊心和自信心又从何而来？于是，吉斯特龙做了妥协，他希望地方政府能给当地居民找到一条既能有效地增长经济又能保护传统文化艺术的道路，但不能把生态博物馆搞得与别处的民俗旅游村完全一样，并坚决反对当地居民毫无节制地疯狂兜售民族的传统文化和艺术产品。

然而即便是这样的让步，最终也还是没有实现。2000年我第一次到梭戛时，陇戛村民对我兜售传统的文化和艺术产品还是悄悄地进行的。但2004年我再到梭戛时，一切都已公开化了，甚至任何一个外地游客的到来，都会引来一大群当地居民的包围，他们不仅向游客兜售旅游产品，而且为游客提供更多的服务，比如表演背水、梳头，为游客带路走访另外的村寨等。这和我们在全国各地民俗旅游村遭遇的情形完全一样。

2000年以前，贵州省的旅游业发展缓慢，旅游项目主要局限于传统的风光景点（如黄果树瀑布、龙宫、百里杜鹃林、织金洞等）。当中虽然也陆陆续续建设了一些民族旅游村（如雷山郎德、黎平肇兴等），但仍很零散，不成规模。2000年中央实施西部大开发战略后，贵州省把旅游业当作优先发展的产业，各种乡村旅游景点的开发迅速升温，民族旅游村的建设和开发出现蓬勃发展之势。在这样的背景下，梭戛生态博物馆的建设不可

附　录

能不受到影响。尤其是在一些地方政府的干部心中，生态博物馆和民族旅游村这两个概念并无本质的区别，梭戛生态博物馆出现旅游化的倾向就应该不足为怪了。

第三，多方干预形成的矛盾。随着梭戛生态博物馆的建成，以及梭戛苗族独特的文化艺术在媒体上的频频曝光和亮相，梭戛苗族的生活也越来越受到社会各界的关注。这之中，人们各自关注的出发点和最终目标是有很大差别的。比如在地方政府眼里，梭戛苗族的贫困生活使他们深感不安；在旅游部门看来，这地方是"文化独特，风情浓郁，具有巨大的旅游开发价值"；在学者眼里，这里是"文化的活化石"……对于梭戛苗族来说，来自任何一方的关注都是他们所需要和欢迎的，他们已经被遗忘得太久了，现在他们渴望了解外面的世界，同时也希望能被外面的世界理解。于是，他们对所有外界的关注都予以积极的接纳和响应，政府部门叫他们发展经济，搞产业调整，他们就搞产业调整[①]；旅游部门叫他们发展旅游，他们就发展旅游，搞产品开发；文物保护部门叫他们保护传统文化艺术，他们也同样承诺要保护传统文化艺术……在梭戛考察期间，我深深感受到，对于梭戛的发展事业，我们并不缺少各种各样的设计者，或者各种积极献计献策的人，我们缺少的是既能宏观把握、积极协调，又能将各项工作落实到实处的单位和个人。不如此，将最终导致矛盾激化，使梭戛生态博物馆的建设发生畸变，背离建设初衷。

⑤梭戛个案的反思和启示

梭戛生态博物馆是我国第一座生态博物馆。应该说，作为一种外来

[①] 在六枝特区2004年度财政扶贫资金项目中，梭戛共获得各种项目30余项，项目内容主要有养猪、养牛、养鸡、蔬菜种植、杂交玉米推广、脱毒马铃薯种植、人畜饮水工程及农技培训等。

附　录

的文化保护模式的借鉴、植入和尝试，存在着这样那样的矛盾是在所难免的，而这些矛盾的发生，从目前来看，也还远远不是本土文化的世界末日。认真梳理这些矛盾，探索解决矛盾的办法和思路，无论对于梭戛本土居民，还是对关注梭戛苗族的各外界单位和个人，均具有积极意义。

　　客观而论，梭戛生态博物馆在建设过程中暴露出来的各种矛盾，并不是一种特殊现象，只不过，梭戛生态博物馆作为我国的第一座生态博物馆，其理所当然更能引起我们的关注罢了。而生态博物馆本身，无论是作为一种理论，还是作为一种实践，应该说，也一直还在探索之中。就全世界已建成的300多座生态博物馆来看，虽然大多数都取得了相应的成功，但也都存在着不同形式和不同程度的矛盾[①]，完全没有矛盾的文化保护模式是不存在的。从这个意义上讲，梭戛生态博物馆存在的矛盾就不应使我们感到格外惊奇，但是，对这些矛盾完全视而不见，那也是危险的。

　　通过对梭戛生态博物馆的两次田野考察，我发现在梭戛生态博物馆运作过程中表现出来的各种矛盾中，最主要的还是当地居民对现代生活的急迫追求与民族文化自觉能力不足的矛盾。而文化自觉能力的不足则又与他们缺乏对本土文化的纵向把握和横向比较的能力有关。如果说他们对现代生活的渴望是迫于现实的生存压力的话，那么对本民族文化自觉能力的不足也恰好表明他们对现代文明认识上的欠缺和偏差。可以说，这是所有矛盾形成的基础和核心。换句话说，当地人长期以来过着极端贫困的生活，

---

① 参见苏东海：《博物馆的沉思——苏东海论文选》，文物出版社1998年版。

梭戛田野记

使得他们丧失了最起码的文化反思和自觉的能力。而外来的"替代性反思"毕竟难以取代本土的反思，这才是问题的根本所在。

因此，一位直接参与了梭戛生态博物馆建设工作的博物馆学专家曾这样对我说："我们国家生态博物馆的建设与国外有很大的不同，生态博物馆本来应该是一个文化项目，其职责是保护和传承特色文化，而不应该承担其他太多的责任。现在，由于我们的国情，我国生态博物馆不得不走向了担当'小政府'的使命。什么都要做，没有人去关注生态博物馆究竟该做什么，我想，这是我国生态博物馆建设面临的最大问题。"他进而分析说："由于我国的生态博物馆是从关注弱势文化开始的，客观上导致我国生态博物馆与社会责任的联系，也导致生态博物馆很难寻找到文化自觉的基础。其实，生态博物馆是基于一个文化和拥有这种文化的人群的自觉行为，他们知道自己文化的独特性和重要性，他们力图在自己生活的环境里，保护和弘扬自己的文化，他们的物质生活已经得到满足，经济发展不是他们关注的重要对象，在这样的前提下，我认为，在发达地区，更适合建设生态博物馆。"他最后感慨地说："我们还在对我国生态博物馆的建设进行反思，如果说，生态博物馆的建设加速了博物馆社区经济的发展，但从文化的角度思考，生态博物馆带来些什么？是加速破坏还是真正起到保护的作用？我不知道。"[1]毫无疑问，这样的反思是非常到位而深刻的。笔者对此深有同感，但问题是，如果我们不赋予生态博物馆充分的"责任"，那么，本土居民又何时才能走出贫困生活的阴影？又何来文化的自觉呢？这似乎又构成了矛盾。

---

[1] 上述内容来自张勇（贵州省文化厅文物处主任科员，中国贵州生态博物馆群专业管理人员）给笔者的来信，并参阅张勇《生态博物馆思维初探》一文（载《贵州文史丛刊》1997年第2期）。

附 录

但是，事物也许总是在矛盾中存在和发展的。回想几年前一些学者对肇兴、郎德等"民族露天博物馆"[①]的批评，再看看今天这些村寨的健康发展[②]，我们也许就不能对梭戛生态博物馆建设过程中存在的种种矛盾过分担忧，我们看到了矛盾的存在，也理解了矛盾的成因，或许，这就是希望之所在。

---

① 贵州省在建立生态博物馆之前，已建立了一系列所谓的"民族露天博物馆"，雷山县的郎德村便是其中之一，但这里的"露天博物馆"的概念，与博物馆学界的"露天博物馆"概念有很大的差别，后者指的是传统博物馆的一种形式。参见苏东海：《博物馆的沉思——苏东海论文选》，文物出版社1998年版。
② 肇兴、郎德等"民族露天博物馆"曾因强烈的旅游化倾向而遭到学者们的激烈批评，但经过多年的摸索实践，目前郎德等民族村寨已进入良性发展阶段，即村民经济收入显著增加，生活水平大为提高，同时民族传统文化得到完好保护。

梭戛田野记

四、"贵州生态博物馆群"项目建设的现状及评估

1. 项目情况回顾

"贵州生态博物馆群"项目系中国、挪威文化合作项目，开始于1995年。合作双方分别为挪威开发合作署和中国博物馆学会。项目在贵州省人民政府的直接领导下组织实施。挪威专家在本项目的规划和实施过程中提供了大量业务上的帮助。

挪威开发合作署及中国中央政府和贵州省政府均支持将国际生态博物馆理论与中国博物馆的具体情况相结合。两国政府对此项目的支持是持续性的，1997年10月23日中华人民共和国主席江泽民同志和挪威国王哈拉尔五世及王后宋雅出席了本项目的正式签字仪式。

1998年10月31日，梭戛生态博物馆作为中国第一座生态博物馆正式对外开放，该馆的第一部分即梭戛社区箐苗资料信息中心也同时建成开放，标志着第一阶段工作成功完成。

贵州生态博物馆群项目第二阶段是双方合作的继续，起始于1999年11月，结束于2001年年底。

1999年3月，挪威环境大臣在北京与中国博物馆学会常务理事、本项目负责人苏东海教授签订了项目第二阶段合作的意向书。

1999年3月，挪威环境大臣访问贵州，时任贵州省委书记的刘方仁同志和省人民政府副省长、本项目顾问龙超云同志等领导会见挪威环境大臣，并就贵州生态博物馆项目第二阶段的开发与合作进行了工作会谈。

1999年9月，中国博物馆学会副编审、本项目协调人安来顺应挪威国家文物局之邀前往挪威就第二阶段项目文件与挪方科学家共同工作，并最

附　　录

终形成文本文件提交给挪威政府并报贵州省人民政府批准。

1999年10月，挪威外交部将贵州生态博物馆群项目列入挪威外交部白皮书。

1999年11月10日，挪威开发合作署正式通过项目文件并派代表到北京送达协议书讨论稿。

1999年11月，贵州省人民政府在六盘水市召开民族村寨建设与保护会议，对贵州生态博物馆群的在第二阶段的开发做出部署，并正式建立项目实施小组。

1999年12月22日，项目负责人苏东海教授在北京与挪威驻华大使叶德宏草签了协议书，确认本协议书自草签之日起生效。双方同时商定正式签字在挪威举行。

1999年12月23日，根据草签的协议书，挪威开发合作署将1999年度挪方资助款50万挪威克朗汇入国家文物局账户。

2000年2月，挪方50万挪威克朗由国家文物局转入贵州省为本项目设立的专门账户。

2000年8月6日至10日，在贵州举办"中挪生态博物馆国际研讨班"（第一部分）。9月5日至11日，在挪威举办"中挪生态博物馆国际研讨班"（第二部分）。[①]

[①] 赴挪威参加"中挪生态博物馆国际研讨班"人员名单：1. 苏东海（中国博物馆学会常务理事、中国贵州生态博物馆群项目领导小组组长）；2. 安来顺（中国博物馆学会编辑、中国贵州生态博物馆群项目协调人兼翻译）；3. 胡朝相（贵州省文化厅文物处副处长、中国贵州生态博物馆群项目实施小组组长）；4. 薛友乔（贵州省人民政府外事办迎宾处副处长，翻译）；5. 李黔滨（贵州省博物馆长、副研究员）；6. 张勇（贵州省文化厅文物处主任科员、中国贵州生态博物馆群专业管理人员）；7. 熊怀燕（梭戛生态博物馆社区村民，女，苗族，初中文化）；8. 班有辉（镇山布依族生态博物馆社区村民，男，布依族，初中文化）；9. 胡炳祥（隆里古城生态博物馆社区村民，男，汉族，初中文化）；10. 潘幸芝（堂安侗族生态博物馆社区村民，女，侗族，高中文化）。时间：2000年9月3日至12日。

梭戛田野记

2000年9月3日至6日，应挪威国家文物局的邀请，贵州省人民政府代表团出访挪威[①]，并出席第二阶段正式签字仪式和研讨班开学典礼。

2. 项目说明

"贵州生态博物馆群"（第二阶段）包括如下内容：

（1）进一步开发梭戛生态博物馆及其所属社区；

（2）开发下列三座建设于贵州的中国生态博物馆进行规划和第一阶段：

①贵阳市花溪区镇山布依族生态博物馆；

②锦屏里隆里古城生态博物馆；

③黎平县肇兴镇堂安寨生态博物馆。

三座开发中的生态博物馆分别代表着不同的民族文化遗产及自然环境。镇山村代表布依族，隆里代表在本区域内占少数的汉族，堂安寨代表侗族。

需要特别强调的是，"贵州生态博物馆群"项目在当今中国的少数民族工作、博物馆及环境领域具有独特的意义。本项目已经引起了相关的少数民族社区和广大群众及新闻媒体的极大关注。同时，本项目作为中外在文化遗产和环境领域的开拓性合作项目也具有独特的意义。所以，我们有足够的理由相信，这些开拓性的工作必将对众多少数民族社区产生深远的影响，有助于他们选择适当方式来正确把握遗产和环境这一重大课题。

[①] 政府代表团出访挪威的主要内容：一是会见挪威国家文物局、外交部、文化部、挪威开发合作署官员，以便：（1）对现有的合作项目进行评估；（2）探讨进一步合作的前景，包括贵州生态博物馆群项目的进一步开发和在2001年底或2002年春举办贵州少数民族文化节、民族文化展览等；（3）加深双方已建立的友好合作关系，就贵州保护民族文化多样性、民族地区保护与发展的平衡等问题进行对话与沟通。二是会晤挪威政府外交大臣、工党领袖雅格兰先生。三是出席项目第二阶段的协议书的签字仪式。四是参加在挪威举行的"贵州生态博物馆群国际研讨班"（第二部分）的开幕式。

附　录

梭戛社区村寨领导人都清晰地表明了对梭戛生态博物馆重要性的认识。他们都很关心生态博物馆，并对生态博物馆抱有非常积极的态度。其原因是：

①他们认为生态博物馆是保护其传统和文化遗产的工具；

②他们认为生态博物馆是促进社区发展工具；

③他们认为生态博物馆为整个箐苗人民提供了一个社区活动中心，在生态博物馆建成之前，他们缺少这样的社区中心；

④箐苗人民希望在保护自己的文化传统的同时发展社会经济，以改善生活水平。村寨领导人认为，生态博物馆能够帮助实现这双重目标并为保持保护与发展之间的平衡做出贡献。

梭戛田野记

3. 1999年项目年度工作（1999年10月至2000年4月）

进一步开发、完善梭戛生态博物馆，促进包括全部十二个村寨在内整个箐苗社区的社会、经济、生态发展；通过先后在中国和挪威举行的研讨班，增进博物馆专业知识、博物馆学理论和实践的学术交流。

4. 2000年项目年度工作（2000年5月至2000年12月）

（1）规划镇山生态博物馆的资料信息中心；

（2）对镇山村的历史文化遗迹实施保护；

（3）对梭戛社区进行进一步的科学调查、登记，并开发本社区的传统手工艺项目；

（4）对隆里古城和堂安侗寨进行调查、登记，并进行抢救性保护；

（5）继续专业交流和业务培训，其部分内容将侧重于现代信息和传播技术的利用。

5. 2001年项目年度工作（2001年1月至2001年12月）

（1）在镇山建设资料信息中心；

（2）对隆里和堂安生态博物馆的资料信息中心做出规划；

（3）对隆里和堂安的历史文化遗产实施抢救性保护；

（4）对四座生态博物馆所在社区进行全方位的科学考察和研究；

（5）在贵州组织一次国际生态博物馆学术讨论会，并对中国生态博物馆的经验进行评估；

（6）继续专业人员的交流和培训。

6. 项目经费情况

中国博物馆学会和挪威开发合作署1999年3月16日签署的合作意向书

附 录

约定，挪方意向资助150万挪威克朗（约折合180万元人民币）用于下一阶段的贵州省文化遗产工作。

中国方面，贵州省人民政府已决定拨款150万元，并在1999年8月25日正式发文予以确认。中国国家文物局已决定支持60万元，并在1999年8月10日的正式文件中予以确认。

所以，本项目阶段的直接资金投入共计390万元。中方的其他间接投入，如贵州省政府征购镇山资料信息中心土地，梭戛供水工程的部分投入，以及各个不同方面在项目管理方面的支持等约折合117.5万元，预算总额为480.5万元。

7. "贵州生态博物馆群"建设评估

"贵州生态博物馆群"由梭戛生态博物馆、镇山生态博物馆、隆里

梭戛田野记

生态博物馆和堂安生态博物馆四座生态博物馆组成。除了梭戛生态博物馆外，其余三座博物馆的资料信息中心仍然在建设之中，不过，其余的部分（诸如公路、公厕、寨内道路等）均已竣工，博物馆已正式对外开放。

但是，由于各个博物馆建设的基础不同，目前的进度也并不一样，而且面临的问题和困难也不一样。

（1）镇山

镇山生态博物馆的资料信息中心业已建成，但还没有对外开放。在贵州生态博物馆群中，镇山的基础最好。因为在贵州建设生态博物馆之前，已建设了一大批所谓的"民族露天博物馆"，或称"民族旅游村"，镇山便是其中之一。笔者曾于1995年到镇山游玩，那一次是真正纯粹的观光游览，是陪同余华、池莉等著名作家去的，没有考察任务。当时镇山的建设已初具规模，旅游业也开展得十分红火。十年后我再到镇山，发现镇山的旅游业已发展到了很高的程度。一是村内的旅游设施已建设得十分完备，几乎每家每户都已将自己的住房改造成旅馆，提供吃住、住宿和各种娱乐（卡拉OK、麻将之类）；二是村子已按照一些旅游专家的建议进行了改造，比如新修的房子被装得更"土"气一点，以满足城里人"返璞归真"的审美趣味等；三是村口设有专门的停车场和售票处，门票价为每人2元，票价倒不贵，但已反映出公开旅游化和商品化的倾向，门票背面的文字是这样的："镇山生态博物馆，2004年被国家正式命名，她位于花溪风景区花溪湖中段，其独有的石板建筑风格，布依族民俗民风，绚丽多彩的湖光山色，是贵州高原上的文化、旅游、休闲圣地。"我刚一下车，就被一位老乡拉到家中，他把我安顿好后，又再次出去拉客，他夫人负责在家给客

附 录

人制作所谓的"农家饭"。在贵州生态博物馆群中，镇山的旅游化色彩是最浓烈的。

（2）隆里

隆里是座古城，社区居民全系汉族。我到达隆里的时候，生态博物馆的资料信息中心刚刚竣工，当然还没有对外开放。由于刚刚得到一笔资助经费，古城正在进行较大规模的改造。这种改造是在专家的指导下进行的，改造的结果将使古城更古，文化气息更浓。

隆里城内的居民虽为汉族，但商业色彩十分淡泊，老百姓纯朴厚道，他们很乐于无偿带你参观城内任何的古建筑或古董，但他们从不言交易。如果说建设生态博物馆的目的之一是增强本土居民的文化自尊心的话，那么，隆里人最先实现了这一点。

（3）堂安

堂安生态博物馆的资料信息中心业已建成，但依然没有对外开放。在管理方面，堂安生态博物馆试图寻找一条与别的生态博物馆不同的道路，即在开始阶段，他们就与香港明德创意集团寻求合作。明德公司不仅在博物馆社区里修建了具有地方特色的旅馆，而且招收了13位侗族青年男女做接待员，他们平时在旅馆内研修侗族传统文化（唱侗歌、学侗文、吹芦笙、弹琴、跳舞之类），有客人到来则负责表演节目兼作服务员。但是，经营的情况似乎并不理想。我到堂安时，只有一位男青年在看守旅馆，其余的人都不在家，问男青年那些人去了哪里，男青年说不知道，又说有些回家了，有些可能已跟客人去了别处。

但是，相对来说，堂安当地居民的心态最值得称道，他们对外来的游客总是能保持一种不卑不亢的态度。在这里你既看不到拉客的"导游"，也看不到贩卖古董的人群，只看到依然故我自在生活着的村民。在我看来，只有这样的生态博物馆才最接近吉斯特龙的理想。